"阅读伴我成长"系列丛书编委会

逐梦
星辰大海

（2023年中学卷）

"阅读伴我成长"系列丛书编委会 编

浙江文艺出版社
Zhejiang Literature & Art Publishing House

图书在版编目(CIP)数据

逐梦星辰大海:2023年中学卷 / "阅读伴我成长"
系列丛书编委会编. —杭州:浙江文艺出版社,2024.4
　　ISBN 978-7-5339-7583-8

　　Ⅰ.①逐… Ⅱ.①阅… Ⅲ.①作文—中学—选
集 Ⅳ.①H194.5

　　中国国家版本馆CIP数据核字(2024)第073534号

责任编辑　何晓博
责任印制　吴春娟
责任校对　牟杨茜
封面设计　吴　瑕

逐梦星辰大海
(2023年中学卷)

"阅读伴我成长"系列丛书编委会 编

出版发行　浙江文艺出版社
地　　址　杭州市体育场路347号
邮　　编　310006
电　　话　0571-85176953(总编办)
　　　　　　　0571-85152727(市场部)
制　　版　杭州天一图文制作有限公司
印　　刷　浙江超能印业有限公司
开　　本　710毫米×1000毫米　1/16
字　　数　155千字
印　　张　9
插　　页　2
版　　次　2024年4月第1版
印　　次　2024年4月第1次印刷
书　　号　ISBN 978-7-5339-7583-8
定　　价　35.00元

你当像鸟飞往你的山

    用了一本畅销书的书名作为这篇序言的标题。这句话有两种阐释。第一种是"逃离",逃脱并离开自己的原生环境。第二种是"寻觅",寻找属于自己的内心自由。在当下的学习环境中,我们是多么需要找到自己的路径,找到自我的心灵,找到自由的群山。

    写作既是逃离,也是寻觅。

    青春是用来逃离的,也是用来寻觅的。

    我们的青春是灿烂的,如同作家王蒙写的,"用青春的金线,和幸福的璎珞,编织你们"。我们的四季是多情的,如同诗人海子写的,"面朝大海,春暖花开"。我们的中学时代是充满欢乐的,如同这项坚持了十几年的读书活动——"阅读伴我成长",在阅读中找到欢乐,在成长中找到幸福。

    围绕建设"书香校园"这一主题,我们积极倡导"阅读伴我成长"的理念,努力践行"我读书、我快乐、我成长",结合时代主题,积极开展了文学之星、读书征文等活动,并结集出版了这本优秀作文选。

    这是我们一起飞往群山的过程,这是我们一起编织青春的方式,这是我们一起讴歌生活的雏凤新声。英国哲学家培根说过:"读书能使人充实,谈话能使人机敏,写作能使人精确。"只有多读书、多观察、多写作,才能丰富我们的思想、锤炼我们的语言,提高完善我们的写作能力。

    这本作文选能让我们认识自己。在我们周围,到处都有新奇美妙、意味深长的人与事,启发我们的悟性,增加我们的智慧,开阔我们的胸怀,延伸我们的视野,磨砺我们的意志。多多留意身边,我们一定会有更多发现和收获。

    希望这本作文选能激发广大同学读书写作的兴趣,扩大阅读视野,找到自己喜欢的作者,读到自己喜欢的书籍。衷心希望同学们多动笔写作,让春天在你的笔端发芽,夏天在你的笔端挂果,秋天在你的笔端丰收,冬天在你的笔端团圆。

我相信,我们一定会成为一个更优秀的自我,一定会寻觅到一座伟大的山峰,一定会实现坚韧执着的梦想,一定会安放躁动不羁、上下求索的灵魂。

让青春飞扬,让梦想飞扬,让文采飞扬。

"阅读伴我成长"系列丛书编委会

2024年3月

目　录

夕去拾岁月，朝来听花开

——追寻鲁迅先生的童年

◆学校:嘉兴秀湖学校　◆作者:张嘉璐　◆指导老师:胡代勇

微雨中,云裳沾湿,繁花飘落,待人拾起。

——题记

鲜花,披上晨曦才会更加娇嫩,映上晚霞才会更加艳丽。拾起院中散落的桂花,夹在手中的《朝花夕拾》里,让花的芬芳沁入书本,沁入我的心灵。

每次读《朝花夕拾》,我都会有不一样的感触。徜徉文字间,阵阵书香,渐渐令我沉醉其中。在书中,我看到了鲁迅儿时和猫结下的仇怨,看到了多管闲事又欺压百姓的有权者,看到了遭到压迫的社会底层人民,还有热闹喧哗的五猖会,令人心驰神往的迎神赛会,以及人面的兽、九头的蛇、三足的鸟、两乳当眼的怪物,还有日本"爱国青年"的丑恶嘴脸……

《朝花夕拾》不仅是鲁迅先生对自己童年的回忆,也不仅仅反映了他自己的弃医从文,以及思想的转变,还写了人间百态,写了对自己早年人生道路的重新审视,是一针见血的批判,是对底层羸弱者的同情以及对施暴者的憎恨,是对封建孝道的虚伪与残酷的揭露,是对复古者尖锐的抨击,是在爱与恨的交织里,书写流转的慈爱与悲怆高歌。

鲁迅先生用他那幽默讥讽的文笔,在字里行间巧妙地设下迷局,用他那犀利的笔蘸满热血,撕开自私与麻木、丑陋与黑暗,勇敢地指出近代中国面临的问题,让世人痛定思痛。但世人却难以走进先生真正的内心,也不全都理解他唤醒民众的迫切和民族富强的期望。他的良苦用心,今天的我们又能理解多少?

为了追寻先生的足迹，我来到了绍兴。在熙熙攘攘的街衢里，我像个迷茫的过客，跌跌撞撞，在百草园，到处找寻着先生儿时的影子。雨打湿了土，让路变得泥泞，在泥浆的反光里，我窥到了自己的狼狈失落。尽管行人稀少，可却有几行新的脚印。确实，这地上本没有路，走的人多了，也便成了路。

这里有鲁迅先生走过的路，一个弃医从文的革命家走过的路，一个大文豪走过的路。作为新时代的一分子，我踩着先生走过的印记，试着踏上同一条路。

在百草园里，隐隐约约，我看见了先生儿时玩耍时的天真，看见了听长妈妈讲美女蛇故事时的惊异，看到了那所谓的孝道的虚伪，吃人社会的血口，有着人情味的无常和对五猖会的渴望。脚步越来越沉重，让我难以抬足。

路还很长，路的前头被云雾笼罩着，让人看不清方向，看不懂前程，看不透未来。鲁迅先生的弃医从文不就是为了将路前头的云雾化开，令国人看到中国的未来、中国的希望吗？

这一次，我看到了，路的开端是革命胜利、人心汇集；路的开端是五四运动的胜利、抗日战争的胜利；路的开端是新中国的成立，是国泰民安、人民幸福，是华夏屹立不倒。若鲁迅先生尚在，定然会感慨万千。至少他看到了倭寇尽逃，革命胜利；看到了山河富饶，国家富强。他也一定会告诉范爱农，自己和所有同志的努力没有白费，死而无憾。

回头处，轻舟已过，但前方的路还很长很长。夕去拾岁月，朝来听花开，我们都在追逐先生的步伐，我们在寻找着属于我们的"阿长"，期待遇到我们自己的"藤野先生"，等待着平凡而伟大的"范爱农"。

竟然有人觉得先生离我们好远，甚至无知地随意调侃，多么地无知与悲哀！革命的硝烟尚在西天飘荡，他们的心灵就浸透着虚幻和暴力，被西化的洋酒灌醉，被东边的海水侵蚀，他们得过且过、虚度光阴，他们从不居安思危，有奶就是娘。"躺平""摆烂"是他们眼里最酷的人生。社会还怎么发展？中国还怎么创新？希望又在哪里？如果先生在世，又该写出多少文章！

每个时代都会有自己的道路，也都会有自己必须解决的问题。鲁迅先生的花落了，而作为新时代的青少年，我们有责任了解我们的历史、我们的先贤，关注国家民族的前途与未来，继承先辈的精神衣钵。

先生的《朝花夕拾》像明灯，照亮了我们前进的方向。它是一把唤醒人心的钥匙，打开了新中国的大门；它是奋进时吹响的号角，鼓舞我们踏上新的征程。

历史的长河是永无止境的，只有将千千万万滴水汇入历史的长河，它才会汹涌澎湃。我们以书为镜，以鉴往事。时代在变，每个人都会有一本属于自己的《朝花夕拾》。

　　拾起院中散落的桂花，翻开书，把它夹在书页里，让花的芬芳沁入字里行间，沁入我的心灵。

　　我放下了手中的书，望向了远方，整个禾城的桂花都开了。

 点石成金

　　文章语言生动、结构合理，作者对《朝花夕拾》一书的思想内涵理解深刻且透彻，会学以致用，将课文中所学内容巧妙地用于写作中。文章中号召新时代的少年要向先贤学习，关注家国命运，继承先生的精神衣钵，充满正能量。

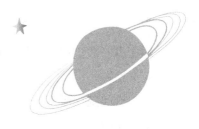

乘一班1921的列车

——读《觉醒年代》有感

◆学校:嘉善县第四中学　◆作者:王歆怡　◆指导老师:宋忠利

有一分热,发一分光,就令萤火一般,也可以在黑暗里发一点光,不必等候炬火。

——题记

绿皮火车带着斑斑锈迹,从落日逝去的远方缓缓驶来,我三两下背起行囊,紧紧攥着手中的书,封面上"觉醒年代"四个醒目的大字,让人看得疑惑,看得惘然。何谓"觉醒"?

踏上这班1921的列车,寻了个靠窗的位置,抚平书页。看,窗外是疾驰的中国。

绵绵细雨打湿了车窗,窗外的景象却清晰了起来。士兵们挥舞着鞭子耀武扬威,衣衫褴褛的乞丐蜷缩在角落,一边是坐在车上吃三明治的富家少爷,一边是在爹娘的叫卖声中哭泣的女孩。润之拿着布包,冒雨奔跑,集市上声音芜杂,溅起的泥点脏污了少年的长衫,他怀里抱着火种,走过泥泞,托起新生的太阳,坚定的双眸传达出誓要将中国的苦厄洗净的决心。

岳麓书院中,青年高举起《新青年》杂志,中国命运的齿轮自此转动不歇。风雨飘摇之中,没有人想过那粗布包裹着的杂志将涤荡历史之积秽,新造民族之生命,那个意气风发的少年也并不知晓,自己将唤巨龙东升,于黑暗中救苍生。

雨势渐渐大了,淅淅沥沥的雨敲打着车窗。海河边,陈独秀的一袭长衫已被江南阴雨浸透,李大钊的两只镜片已蒙上征程的尘土,难民悲愤的控诉正叩打着他们的心扉，建党的誓词如一阵惊雷，唤醒了迷惘中的青年。"为了中华国富民强，为了民族再造复兴"，千千万万的革命者前仆后继，觉醒的力量让他们拥有"敢教日月换新天"的勇气与魄力，于战火与荆棘之中，于悲惨与苦痛之中，为那只沉睡的雄狮赋力。追寻光明的路上，血水中绽放出鲜花。

"愿做萤火，不惧黑暗，用星星点亮的光照亮大地；愿如草种，不惧生死，用千千万万的热血救国济民。"

细密的鼓点声愈发清晰，滂沱倾泻的雨伴着时而响起的重雷。我想，那是黎明前的黑暗。延年和乔年行刑前的回眸一笑，似一颗子弹穿过胸膛，将视死如归的英雄气魄诠释得淋漓尽致。合肥延乔路的尽头是繁华大道，中华民族的未来如巨龙腾飞。1921年烟雨南湖那一叶红船劈波斩浪，中国共产党用铁锤砸碎黑暗，用镰刀收割光明；爱国之士以笔为矛，以文为剑，剖开社会恶相，扫尽魑魅魍魉。

"当黑暗与光交织，光会变得柔和，黑暗会逐渐消逝，变成曙光，变成黎明，变成光明与希望。"

雨停了，阳光穿透薄云洒落在华夏大地上，熠熠生辉。

我在高铁上醒来，发现这只是梦中的景象，唯有手边那本《觉醒年代》红得耀眼，"觉醒"二字在脑海中挥之不去。

看如今，山高水远，海晏河清，中华儿女不断向世界展示着中国速度与中国力量。山河从此换新颜，五星红旗在冬奥赛场飘扬，"天宫"建成彰显中国人的浪漫，疫情下我们万众一心，洪灾中千万个平凡的英雄站了起来。

一代人有一代人的使命，一代人有一代人的担当。吾辈唯愿，寻来光热，汇时代之骄阳。

往后晦明皆赤色。

 **点石成金**

文章构思巧妙，善于选点展开，从"何为觉醒"的疑问出发，到"领悟觉醒"结束，结构严谨、首尾呼应，语言优美，流畅自然，感情真挚、充沛。

阅飞鸟·见天地·悟人生

——读《飞鸟集》有感

◆学校:嘉兴市禾新实验学校　◆作者:沈依一　◆指导老师:张嘉瑶

天空没有留下我的痕迹,但我已飞过。

——题记

　　飞鸟从书中掠出,贴着水平线惊起阵阵波澜,不留下一丝痕迹,却拨动了我的心弦,读泰戈尔笔下满载着爱和绚烂的《飞鸟集》,你会发现,世界突然焕发生机,奇迹般生长。

　　读泰戈尔的无题诗,总会给我一剂宁静慰藉心灵,在浮躁的夏天里,给人一缕来自自然的清凉。微风轻轻翻着书页,我的思绪也被吹到了飞鸟的世界,那些人们梦寐以求的自由,又在哪里? 我在落地窗前张开双手,阳光洒满我裸露的手臂。落地窗外,是一只穿梭的飞鸟,我偷偷溜进飞鸟的眼睛,将城市巨大的电子投影、零零落落的居民房和路牌收藏眼底,在喧嚷的城市里攀上云端,占据自然的一片寂静之地。

　　在爬满篱笆的院墙上,青苔的气味青涩又带着蓬勃的生机,枝丫上是否有泰戈尔笔下自由的飞鸟在此停息歌唱? 在风和日朗的晴天,是否有编织光衣的太阳悬在天上? 是否有纯真的泥土与绚烂的流云交织纠缠? 是否有着世间的万物,让你爱自己,爱世界?

　　人生天地间,忽如远行客。我难免因为一时的挫折迷茫困顿,因被打击而踌躇不前,在原地踟蹰不定,在犹豫也在胆怯。

　　犹记得那个积压着阴云的中午,燥热沉闷的教室,吊扇吱呀吱呀惹人心烦,向窗外望去,只能见到重重叠叠的树林,广阔无边,却使得人感到更加封闭了。期中考试的成绩不佳,成绩单上鲜艳的红圈让我过往的努力都化为了泡影,风吹过,脸颊微凉,我才发现脸上早已被不知是泪珠还是汗液打湿了,我麻木地呆坐在座位上,思绪像线团般缠着绕着,密密麻麻缠成一团,浑然不觉站在我跟前的老师正带着担忧看着我。

不知她停了多久,老师突然开口:"你读过《飞鸟集》吗?"

自然是读过的,我想回答,但张了张嘴却终究没有说话。可能是想说的,但话欲出口,便想起那鲜艳的红圈,像是脖颈缠了一圈枷锁,话语死在了喉咙里。

老师像是了然,伸手推了推窗外的枝丫,让一丝丝光泄了进来,我顺势望去,窗外好像还有千万景色,都顺着一缕光,闯进了我的世界。

"如果错过太阳时你流了泪,那么你也要错过群星了。"她温柔地看着我,轻轻拭去了我脸上的水珠,"一时的挫折不算什么,沉湎挫折就是给自己找不痛快了,你要往窗外看,往人生的窗外看,看别样的风景,从谷底爬起来,去翻越,去攀登挫折这座高山,失败是走向成功的必经之路。你还有接下来的演讲比赛,一定要从挫折里走出来。"

于是,后来的每个夜晚,桌面上摆着的空罐的润喉糖,依旧疼痛的嗓子和月光下洁白透亮的演讲稿,像那天的光一样,在我的记忆里难以磨灭。

在阴雨连绵的下午吹着讨嫌的凉风,在青苹果绿的夜晚哀叹月亮不够圆,自欺欺人就能改变事实了吗?所以我们绝不能因为曾经的失败而沉湎过去,有所失必有所得,有所得必有所失,我们所浪费的当下,是停留在昨天的人梦寐以求的明天,我们所畅想的以后,是我们不努力就无法抵达的未来,沉湎曾经的失败和痛苦,就会错过接下来群星闪耀的天空。

也记得那个闪着光的早晨,红榜上有我的名字,我的笑颜,名字下是我看了无数次的正楷大字:"祝贺依一同学,获得演讲比赛第一名!"一束光正好照在了上面,我才惊觉,这定是人生窗外的另一种景致,定是泰戈尔笔下不能错过的"群星"!

响亮的掌声响起,我猛然回头,身后是无数同学望向我热切的目光。

我错过了太阳,却没有错过群星。

飞鸟冲向山尖,抖掉了沉重的露珠。

远方是蒙蒙亮的海平线,花儿颤抖着露珠含苞待放,群鸟掠过,天下一白,拉开破晓的帷幕,从困苦中落落大方走出来的我们就是成功者。

粗粝的沙子下，埋葬着我们过往陈旧的疤痕，而那在沙土上生长的花鲜润娇嫩，是我们未来的勋章。星辰铺砌大道，晨辉装点决心，留下来的花，总会有万般开法。而信任自己，恪守本心的少年，必身披星光，再次攀登顶点，属于我们的长夏，永远不会凋落。

"世界以痛吻我，我报之以歌。"被挫折所伤的我们，总有人缝缝补补。

忙完手边的事务，电话铃正好响起："囡囡，累坏了吧？今天妈来接你，妈给你做了你爱吃的菜……"絮絮叨叨的话，念了许多，大部分其实已经不太记得了，只记得疲惫与落寞一扫而光，心被名为勇敢的情绪填满，只觉得自己无坚不摧，也无所不能了。

"嗯，好。"耳边便只有自己雀跃的声音了。谁不曾遭受挫折磋磨，谁不曾对自己有所失望，谁不曾在夜深时惧怕这陌生的世界，是什么让你选择了勇敢？是父母纯粹的爱，是平凡的生活里激情的插曲，还是每天清晨教室里琅琅的读书声？当遇到挫折时，我们更要选择勇敢地爱这个世界，依然积极地去面对，爱自己在历史长河中渺小成一粟的生命，爱自己无限的可能，爱世界的所有。世界有时可能是不美好的，但爱永远是真的。

"让尘世的牵累消灭吧，让广大的宇宙把他抱在臂间，让他在他无畏的心中，认识到这伟大的无名作者吧。"伟大的世界，伟大的人们，伟大的我们，以及渺小的我，都在希望你永远发光，而我们永远为你热泪盈眶。

所以我们啊，胆小又勇敢，懦弱又坚定，脆弱又孤勇，渺小又伟大，沉默又振聋发聩；而那些沉默的飞鸟，往往隐藏着特别大的梦。

《飞鸟集》不仅是一本诗歌集，更是爱与智慧的凝结，是对宇宙、哲理、自然的思索。印度诗人泰戈尔以温柔如春水的笔触，给人以寒冬里篝火般的慰藉。去拥抱这个世界，爱这个世界吧！"其实天很蓝，阴云总要散，其实海不远，此岸连彼岸。其实，希望依然在，因为执着，因为还想，因为还会爱！"

出发吧，敬一杯旷世热爱，去寻找泰戈尔笔下的自由和爱。趁春花还没枯败，趁晚霞和天光正好，在汀州桥畔，同伊偕落红，无边春意闹上枝头，惊蛰雷后，乍见天光，而在这无边无际的天空，我已经飞过。

——尾记

点石成金

　　文章选材新颖，注重内心的自省与成长，情感真挚且丰富，非常打动人心。全文语言优美流畅，行文舒展自如，读来富有诗意。题记和尾记的设计让人耳目一新。

戏散梦醒，道是无常也有常

——读《红楼梦》有感

◆学校:嘉兴市禾新实验学校　◆作者:于思颖　◆指导老师:王晓凯

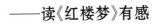

> 说到辛酸处，荒唐愈可悲。由来同一梦，休笑世人痴!
>
> ——题记

悲喜千般同幻渺，古今一梦尽荒唐，红楼一梦，三生梦幻，人生无常。一千个人心中有一千个"红楼梦"。透过白纸黑字，我试图窥探那红楼之繁华，却忘记当我注视那文字时，又何尝不是在审视自己，何尝不是在审视这世间百态。

《红楼梦》是一部封建社会的众生群像画，该小说以上层贵族为中心画图，是中国封建社会末期生活历史的镜子与缩影，是中国封建制度走向末路的一曲哀歌。《红楼梦》写男女情爱，有公子与红装;写家族兴衰，有贵妃与老妇;写世态炎凉，有得志与落魄;写人间至理，有热闹与荒凉。

书中以贾、史、王、薛四大家族的兴衰为背景，以贾宝玉、林黛玉、薛宝钗的爱情故事为主线，描写了以正邪两赋有情人所展现出的人性美与悲剧美，歌颂了心向光明与自由的叛逆人物。通过家族由盛转衰的过程，为穷途末路的封建社会赠上一首哀婉的离歌。

其中的民主主义思想，对宫廷官场的黑暗、封建阶级制度的腐朽的深刻批判为当时所不容。曹公只道自己是一痴人，饮悲饮泣的字句全作胡语。"真事隐去，假语存焉"的笔法激起后世读者强烈的探索欲，当代的学者们更是潜心研究"红学"，这对中国小说来说是史无前例的。《红楼梦》是部大戏，更像场大梦。既是梦，自然会醒，也正因是梦，曹公可以将极尽的繁华与衰颜赠予贾府，同时赠予那个大厦将倾的时代。

雕饰与本真

在贾府里的人看来，刘姥姥只是个农村老妇，无钱无才，所以他们尽情炫耀他们的身份、金钱与文明，在贫穷面前，富人的嘴脸淋漓尽致地呈现。他们终于不再讲求圣洁的礼节，尽情摆弄自身的优越。但刘姥姥有文化，她的文化不是阳春白雪的高雅文化，而是下里巴人的民俗文化。她懂人情，有胆识，知鬼神，会起名，懂得张弛有度。刘姥姥在全书中，像是个格格不入的戏外人，清醒者在她的身上可以看见隔绝在花团锦簇之外的质朴。在她身上，能看见的是透着泥土气息的生命的力量，这种力量生生不息，带着被生活捶打出来的智慧。

这种底层人的生命气息为贾家所鄙，可他们依旧会情不自禁地被吸引。因此，有了刘姥姥，整个贾家像是活过来了，他们脱下往日的雕饰，回到最本真的状态，想笑便尽情笑，想哭便尽情哭。贾家以为刘姥姥是个小丑，他们是台下安逸观赏的看官，殊不知，自己才是戏中一只精致的人偶。当一个人被穿上繁饰的衣物，被鲜花围绕，被掌声包围，自己本真的样子便难看清。我想，保持清醒最好的良方便是谦逊与自省。

我深深折服于这样一位老妪，她两进荣国府，见证了贾府从辉煌走向没落；她深观世务，历练人情，一切揣摩求合，思之甚深。她是整部小说中活得最通透之人，她懂得感恩，在巧姐被卖后，这位老妪变卖所有的房子只为赎出巧姐。人活一世，"不以物喜，不以己悲"，很多时候都源于我们自己内心的通达。只有当我们真正看透生活的无常，懂得其中的美与好，我们才能坦然放下。人生万事无常，一朝风雨一朝晴，只有拥有像刘姥姥这样的大智慧，我们才能笑着接受苦难，笑看人生。

美梦与悲怆

曹公从头至尾一直在孜孜不倦传达的至理，我想就是任何人与事都终将事与愿违，任何执拗终将在清醒后消散。世间好物不坚牢，彩云易散琉璃脆。人执念越多，生活越是难以为继。悲凉之雾，遍被华林。

在大观园中，沉浸在美梦里的少年们最是逍遥，他们有好年华、好家世，外界

一切的苦楚皆与他们无关，他们只管沉醉在自己的小天地里。因此，看见刘姥姥，他们只觉好笑；看见纺车，他们只觉新奇。可有一天，隔绝外界的墙轰然倒塌，现实的苦难与污浊如洪流袭来，所有人都被裹挟其中。当时间流逝、迷雾消散时，那种现实的巨大冲击与碰撞令他们猛然清醒，这种时过境迁、沧海桑田的力量最是震撼。人生的开头与结尾都是注定的，为什么不允许我们贪恋山色呢？为了生命中值得驻足的事误了时辰，也不是什么大不了的事情。

人生起伏无常，有时我们也应放下自己的执念，驻足欣赏身边的人和事，与其固守，不如放下。

梦醒后的慈悲

曹公笔下，所有人皆有可指摘之处，可又有足够的理由让我们原谅。纵是不讨喜的贾环、赵姨娘等人，曹公也满是悲情和体谅地写完他们的一生。每个人身上的可厌之处都有迹可循，或因家世，或因教养，或因制度。正因如此，我们在看他们时也不知不觉带上许多宽容和温和。我们若也能以博爱之心对人，生活自然也多几分从容。世上唯一的"常"是"无常"，"红楼"是场梦，可红楼中人曾经繁花似锦的生活也是真，纵使孤独无解，宝玉也是真的深深热爱过尘世，眷恋过情爱。夜半，梦中，宝玉一袭红袍立雪中，我上前，问："来世可还愿来这繁世，惹一身落花？"他微微一笑："当然，毕竟美梦……"一切终会逝去又怎样，只要存在过，在我心里便会留痕，便不能算白来一趟。

人生如梦，梦醒时刻，有人泪流满面，有人明媚一笑。遇到各种各样的事情，定不要惊慌，人生无常却有常，我们要保持积极向上的心态，笑对人生！褪去丑陋的虫茧，才能化作美丽的蝴蝶。

多少朝代的起起落落，多少名著里的悲欢离合，看《红楼梦》里如花的生命坠落在时间的长河里。一片锦绣繁华里的落幕，让昨日的绚丽都落入了尘埃。繁华落尽，《红楼梦》注定是悲剧一场，梦一场……

——后记

点石成金

　　文章用三个富有诗意的小标题将全文划分为三个部分,各个部分相互独立又环环相扣、逐步递进,作者对《红楼梦》一书及其思想内涵理解深刻,且有自己的思考。文章语言优美,结尾给人一种言有尽而意无穷之感。

铭记历史，只争朝夕
——读《红星照耀中国》有感

◆ 学校：杭州师范大学附属油车港中学　◆ 作者：李嘉怡　◆ 指导老师：程代丽

愿朝阳常照我土，不负烈士鲜血满地。

沾泥土，守孤灯

《红星照耀中国》是美国记者埃德加·斯诺的不朽名著。此书真实记录了我国西北革命根据地的斗争故事。一个外国人，带着对中国人民、中国革命深厚的情感，客观地向全世界报道了共产党和红军的真实情况，使西方全面地了解到中国共产党人的真实生活。斯诺冒着生命危险深入实地考察，采访拍摄，得到一批批珍贵的第一手资料，对中国共产党和中国革命做出了客观的评价，瓦解了种种歪曲、丑化共产党的谣言。这让我感受到了党的创业之艰难和革命新航程之不易。

星星之火，可以燎原。斯诺真实再现中国复兴之路——深入群众、扎根土壤，深入共产党革命之路的地基，就像挖掘地下宝藏一样，带有浓浓的泥土气息，守护着当时中国的微弱孤灯。中国复兴之路正是沾着泥土气息、孤军奋战的故事。

涌先锋，身许国

书中第五篇写了长征，为了躲避国民党的追击，红军只能被迫一次次更改路线。这一路上，红军翻越终年积雪的崇山峻岭，穿过人迹罕至的茫茫草原。饿了就吃树皮，渴了就喝雪水，其中涌现了不少先锋。毛泽东将自己的上衣脱给战士穿,和普通战士一起步行。彭德怀也常步行,把马给受伤的同志骑。周恩来更是把唯一的青稞面分给了同志,他说过"有同志们活着,就有我!"。这掺着一点青稞面的热水,却是红军命运共同体的象征。他们三人是斯诺笔下描写的重点,但并不是我们记忆中红军的重点。所有的红军战士,牺牲的万千烈士,都应该被我们铭记。他们克服难以想象的艰难险阻,最终胜利到达陕北。

岁月静好是因为有他人在负重前行。不只是长征,抗日战争、解放战争、抗美援朝,甚至是新中国成立后的"一五"计划、"三大改造",都有无数人为此付出生命,他们将身躯许给国家,毫无怨言,只为中国的复兴之路能越来越好。

传薪火,追随光

我们,新一代接班人,生在国旗下,长在春风里。有人说,每一代人有每一代人的长征路,那我们的又是什么? 日本排放核污水,俄罗斯暴发细菌性炭疽病,过去的疫情元凶新冠病毒又有变异。现阶段的年轻人不应该沉溺在网络、游戏中,心安理得地享受着无数先辈打下的大好河山,我们应心怀感激之情、爱国之心,了解共产党、深入共产党,努力成为一个共产党人,将时代托付的使命一丝不苟、精益求精地完成。

吾有所爱,其名华夏。每一代人都有自己的长征路,每个人都有自己的使命,是先辈带领我们走了过来,是中国共产党带领我们富了起来,我们应坚定追随共产党的闪闪红光,传递不灭的薪火。

忆往昔,前辈力护河山万里,满身污泥也不曾放弃,血染荆棘,傲然屹立;展今时,我辈应守千秋盛世,满怀壮志亦不断坚持,少年意气,奋发不息。每个人的青春都不应被定义,他们奉献给飞扬的红旗,给二万五千里长征,给世世代代生活的黄土地,给统一与和平的胜利,而我们应将历史、将他们铭记,不负时代更不负自己,在朝气蓬勃的学生时代好好学习,在勤勤恳恳的工作时间奉献自己,一万年太久,我们只争朝夕!

 **点石成金**

文章的读与感紧密联系,开头打动人心,情感丰富自然,每一代人有每一代人的长征路,先辈们走好了他们那一代人的长征路,为我们争取到了繁华盛世,我们这一代人又该如何走好我们的长征路呢?

只问英雄，无问东西

——读《水浒传》有感

◆学校:海盐县博才中学　◆作者:纵艺　◆指导老师:耿丽娟

　　读完《水浒传》,我感受到了一股叩击人心的力量,那是一百单八将劈云斩雾的血气方刚。他们的目光写着执着,心胸装着河山,一字一句,一笔一画,皆是英雄本色。

何以英雄——逆流独行的孤勇胆魄

　　武松"横拖着梢棒,便上冈子来……"武松打虎时的不拘一格、孤傲勇猛留下了一抹传奇般的色彩,最牵动人心的是"明知山有虎,偏向虎山行"的胆魄。武松孤饮十八碗酒,不听酒家山中有伤人猛虎的苦心劝诫,于日暮之时,执意孤身上冈。"一阵风过处,只听得乱树背后扑地一声响",武松起身一闪,"拿那条梢棒在手里"。没有处所藏身,没有兄弟相助,只是孤身一人,直面一触即发的战斗!武松抛下一切退缩的理由,仗胸中武艺,"提起铁锤般大小拳头,尽平生之力,只顾打"。待猛虎"动弹不得,只剩口里兀自气喘",武松倚青石半歇。暮色已尽,夜色渐浓,景阳冈上,有凌厉的风,有耀眼夺目的光……夜幕中被点亮的,是不惧强力、敢于挑战、挺身搏斗的孤勇!

　　这样的孤勇,在一百单八将身上一一展现。李逵手执双斧行天下,林冲反抗贪官欺压……

　　我深切感受到,何以英雄,是无论在大众看得见还是看不见的地方,都有勇气劈开沉沉夜色,有胆量登高台搏击长空!

何以英雄——同舟共济的忠义侠骨

论《水浒传》中最打动人的,是好汉们的风雨同舟、患难与共。

宋江坐上梁山第一把交椅后,便把"聚义堂"改为"忠义堂","义"是扶弱抑强、伸张正义,"忠"即忠于同伴、忠于集体、忠于国家,"忠心"凌驾于"义气"之上,诠释着好汉们肝胆相照的友谊。

鲁智深得知林冲有难,一路暗暗跟随,在野猪林,两个公差以休息时怕林冲逃跑为由,欲取林冲性命,霎时间"只听松树背后雷鸣般一声,一条铁禅杖飞来",智深持一口戒刀闪了出来,林冲在鬼门关前走了一回……"兄弟,此去沧州不远了,前路都有人家,别无僻静去处,洒家已打听实了。""师兄回去,泰山处可说知。防护之恩,不死当以厚报!"野猪林中,阳光击碎隐隐雾气,勾勒着两名好汉的面庞,一个豹头环眼,一个鼻直口方,以后的路,以武会友,甘苦与共!

翻看《水浒传》泛黄的纸页,李逵江州劫法场,朱武自缚救陈达,好汉间的友谊不必靠言语、钱财维持,感动人心的永远是最真诚质朴的帮助和支持,是路见不平拔刀相助的侠肝义胆!

何以英雄——剑平天下的宽广气度

鲁智深于潘家酒楼饮酒,忽闻隔壁阁子有人啼哭,又听金家父女道出金翠莲被镇关西强媒硬娶,虚钱强占,又将她赶出,还向金家追要典身钱的不幸遭遇,句句血泪控诉激起鲁智深对镇关西的怒火,当即赠送银两,为金家父女安排出逃方法。次日一早,他还亲自保护金家父女逃出虎口。后又径自到状元桥郑屠肉案前挑起打斗,三拳打死郑屠,为民除害。"你真是个破落户,洒家偏不饶你!"字里行间流露出的愤怒诠释着人性中最完整的善!

《水浒传》中藏着一种无比宽广的气度,那是李逵打死恶霸殷天锡,那是宋江疏财仗义帮助走投无路的人上梁山……何以英雄?是愿意仗胸中武艺,在陌生的街头,行侠仗义;是愿意携一身正气,面对素不相识的面孔,济世救人!

翻看《水浒传》的字字句句,其中飘飞着整个宣和年间的大雪,同时书写着一段有忠有义、有血有肉的传奇,好汉们从陌生到相识,从聚义到离散,有的无依无靠,有的背负罪名,他们各有初心,各有梦想,刀光剑影,行走江湖。何以英雄？是行侠路上心在,梦在,梁山便永在!

点石成金

文章从"逆流独行的孤勇胆魄""同舟共济的忠义侠骨""剑平天下的宽广气度"三个角度来诠释"何为英雄",善于选点,语言铿锵有力,文章最后揭示中心之句实属点睛之笔,短促而有力。

红梅别样颂英雄，红色精神吾之光

——读《红岩》有感

◆学校：清华附中嘉兴实验学校　◆作者：杨豫嘉　◆指导老师：沈锋浩

　　《红岩》的封面上画着一块巨大的被鲜血染红的岩石，旁边生长着一棵挺拔苍劲的青松，巨石前面"红岩"两个金字瞬间映入眼帘。不知为何，一看到封面，我心中就有股澎湃热血在涌动。

　　这无疑是一部经典之作，它既是写实作品，又是一首关于革命的诗。它讲述了在解放战争时期，一批智勇双全、无畏生死的革命者，为了新中国的解放与人民的幸福，与敌人进行长期斗争，却被捕入狱，最终英勇牺牲的故事。

　　一座重庆城，一部红岩魂。在这本书中，我相信大家一定忘不了江姐在狱中的故事。反动派威胁江姐，要用酷刑逼她交代党的情报。可是，即便如此，她依旧紧咬牙关，一个字也不肯说出来。心中那对党满腔的热忱，使江姐不愿透露丝毫共产党的消息，这个认知让敌人愈发癫狂，对她严刑拷打，甚至还实施了用竹签生生钉烂她的十根手指这样的酷刑。十指连心，可知这种痛苦有多让人难以忍受！可是江姐毫不屈服，无论敌人怎么折磨她，江姐心中始终有着一个信念：保护所有的同志！在那阴暗、生满蛆虫、遍地潮湿的狱中，一个女人忍受着身体上的痛苦和反动派的威胁，但她所做的事，如同那黑暗狱中的一颗星，一颗闪耀的红星。她在狱中闪耀，感染着人们；她在川北的土地上闪耀，鼓动着人民；她在我心中闪耀，深深地感动了我。我身体中的血脉好似连通着她那对党的精神，感受到一片炙热。江姐为了地下工作，在目睹丈夫牺牲后，仍强忍泪水、积极斗争……如今，她又为了党的机密甘愿自己受苦。她饱含着热烈的希望，渴望着新中国的成立和人民的解放……

"红岩上红梅开，千里冰霜脚下踩，三九严寒何所惧，一片丹心向阳开。"除了江姐，还有许多捧着纯洁的心灵去与那些个反动派的邪恶灵魂抗争的革命战士。他们之中，有瘦弱坚强的小萝卜头，有英勇无敌的许云峰，有殊死搏斗的刘思扬……正是他们这些党员的前仆后继，最后才换来了共产党一步步的前进。他们有的人是初生牛犊不怕虎，有的人是即便渴望自由却仍不愿钻狗洞……无论多么不尽相同，他们都有着令人热泪盈眶的革命情怀。

此时的我心中有那么多赞扬他们的话语，但都汇成了两个字"英雄"。"星星闪闪，迎接黎明。林间，群鸟争鸣，天将破晓……"这是解放战争胜利后的第一个"黎明"，也是先辈们付出一切赢来的果实，让人庆幸的是，几十年后的今天，祖国已成了你们心目中的世界强国，这盛世，如你们所愿！我那英雄般的先辈们啊，我多想让你们看看这如今的盛世芳华，这泱泱中国。书中那一句句热血的话也让我深深感动，曾道："毒刑拷打是太小的考验！竹签子是竹做的，共产党员的意志是钢铁！"我英雄的先辈们啊，你们这钢铁般的意志必将传承下去！

我从心底由衷地敬佩这些燃烧自我、奉献生命的革命烈士。他们生动地诠释了什么叫"越是艰险越向前"的刻苦精神，生活在和平年代的我们何其有幸，国家不用我们去抛头颅、洒热血。现如今，科技发达，我国也已全面建成小康社会，在世界矗立，在世界发扬，那一抹中国红刻在所有中国人的心中，那是你们宏伟的精神在熊熊地燃烧。

小时候我曾固执地认为，只有经历过这一时代的拼搏的人们，才算是英雄。其实不然，等我学了历史，感悟彼时与当今社会后才真正明白。为新中国的成立、为人民的解放抛头颅、洒热血的烈士们是英雄，他们是战士，如同历史上尽忠报国的岳飞，又或是"人生自古谁无死，留取丹心照汗青"的文天祥。然而，为新文化做出贡献的、用笔和纸打造战场的文人们也是英雄，李大钊先生、鲁迅先生的名字时刻在我们的心中。再之后，在疫情时救死扶伤的医生志愿者，保护社会国家安宁的警察，也都是英雄。这是我在读完《红岩》这本书后所感悟到的。如果你不放弃，有着钢铁般的精神，将不可能的事变成可能，超越自己、完善自己，那你就是自己的英雄。

生而逢盛世，青年当有为。我辈青年，以理想为帆，不惧远航；我辈青年，以奋斗为桨，不畏风浪。《红岩》中英雄们的精神是吾辈之光，他们是国之栋梁。我们应学习传承之，因为青年有信仰，民族就有希望；青年有担当，民族就有未来。青年人作为时代最灵动的力量，是时代的潮头勇者，肩负家国振兴的责任。时代交付

的重托鞭策我们不断成长,青年当勇担责任报效祖国。

"你,暴风雨中的海燕,迎接着黎明前的黑暗。飞翔吧!战斗吧!永远朝着东方,永远朝着党。"这是书中的一句话。如今我也想要回应:我们是生长在盛世的向日葵,迎接着光明的未来。向阳吧!绽放吧!永远朝着东方,永远朝着党,永远朝着哺育我们的母亲——中国!此生无悔入华夏,来世还做中国人。

红梅别样颂英雄,红色精神吾之光。心向理想朝盛世,身为青年勇担当。我将学习《红岩》中英雄们对党的热忱与精神,以光明谱写未来,为国做贡献,争做国之栋梁!

 点石成金

文章结构严谨,读、品、感、悟相结合,对原文的理解十分深刻透彻,选取的事例如江姐等十分典型,全文语言铿锵有力、掷地有声,读来令人心潮澎湃、热血沸腾。

家乡如风，少年如诗

——读《边城》有感

◆学校：海盐县博才中学 ◆作者：马欣然 ◆指导老师：耿丽娟

2023年8月，湘西边城机场通航。奔赴首都的飞机缓慢上升，乘着家乡扶摇的风。

被沈从文不舍搁下的那座"边城"，苗寨里天然活泼俨然一只小兽的翠翠，默默扛起生活重担的憨厚爷爷，壮实如小公牛且爽直淳朴的天保、傩送兄弟，又一次暖融融、湿润润地落进我的心，伴着透亮的风物，以及淡淡哀伤后的柔软希望。

从此世界上又多了一个文学走进现实的所在，牵连着沈从文和他的湘西。这让我想起了自己的家乡。

它不在湘西的群山环抱里，而是能吹得到咸咸海风的小镇，却有一样的暖意，一样是个让人心底湿润的地方。在家乡，在这样一个地方，我遇到了我的第一位语文老师，写下了我的第一首诗。

才一年级的我，跟着她和同学们又蹦又跳地走在海堤上。海堤高高的，海堤上的我们小小的。八年了，我只记得她面对着大海，花白的短发翻卷起来，遮住了轻轻张合的嘴："孩子们，家乡的海、家乡的春天多美啊！真高兴你们的第一首诗可以全凭心作，真高兴你们的第一首诗可以写给家乡。"她弯下腰去，把一朵小花指给我们看。我们这才发现海堤路面与围栏交界处，开满了金黄色的花。这个印象如此之深，以至于八年后读到"浮光跃金"，我脑海里想到的是海边金黄色的花在盛大的海风里一齐摇曳。

春 天

春天来了,快出来吧

花开了,暖风吹来了

小蜜蜂和小蝴蝶都来了

快来看吧! 快来看吧!

我的第一首诗和那条开满花的长堤一起落进了带不走的时光里,我的第一位语文老师和她的"全凭心作"却一直领着我作成了第一个片段、第一篇童话、第一篇记叙文……

就像我的小诗没有一字写家乡,但我和她都知道它就是在写家乡海边的春天一样,我之后的每一篇文章,不是篇篇写家乡,却都脱不开家乡的影子。她说过"全凭心作",也许我的心从来就脱不开家乡吧。

我的第一位语文老师,那个帮我学会写作的她,很迷沈从文。那首小诗的仿照对象,除了"浮光跃金"的大海,还有她给我们读的沈从文《边城》里面一个描写春景的段落。她说那完全可以断句成一首诗。七岁的时候,学不出《边城》的味道,但此后想到家乡,提起春天,总会隐隐有一种《边城》味儿。

我想到了十八洞村,一个在沈从文的湘西,也许就是边城的古村。还记得开头那架飞机吗? 它领着身后一群奔跑的苗寨少年,他们期盼着这架神奇的飞机带着他们用仅仅一百四十五分钟的时间,稳稳地停在首都北京。少年们的身后,伫立着一座神奇的"筑梦书屋"。书屋里有沈从文的《边城》,在跑进跑出的风里,诗一般的文字也悠悠地飞起来了。

我想象着书屋里的志愿者们给孩子们讲十八洞村群山里的点点滴滴,正如我的老师展示给我们看海边满堤的花。也许山和海里面的家乡,都有一个极柔软且忘不掉的触点,就像我的老师双手捧起的那朵花,就像志愿者们总要说的"沈从文也写过"。

我知道志愿者们正在教孩子们读诗、写诗,不光讲故事;我知道书屋里有很多很多文集、诗集,不止《边城》。我知道孩子们正在读的诗里、写的诗里憧憬着自己和十八洞村的美好未来。我肯定这些诗是筑梦书屋派出的一架架飞机,但不知它们是否顺着同是少年的沈从文辗转十九天进京的路线。那架飞越群山仅用一百四十五分钟的飞机呢? 是不是在沈从文乘船的那一个渡口上空,那一个让他构思出翠翠和她的大黄狗的渡口上空,画出一条美丽的银线?

"老师,沈从文是谁呀,《边城》写的是什么呀?"

那个年轻的志愿者,二十一岁的老师于是就讲起沈从文和湘西,讲起边城,讲起翠翠、爷爷、天保、傩送。孩子们听入迷了,窗外正招摇着细碎的风,老师觉得书屋里坐着的孩子都和从《边城》里走出来的一样。老师笑着对抽空来书屋看一看的扶贫书记说:"沈从文一定也期盼过。"

"什么?你是说他那个贫穷的家乡将要全部脱贫,孩子们都听着他书里的故事?"

"是吧。还有一下子骤然涌进这么多新东西、好东西,孩子们还能淳朴得同《边城》里的翠翠和天保、傩送似的,还能把自己的第一首诗写给家乡。"她给书记读了一首诗:

眼睛里的光华

光华,是十八洞村的一草一木

光华,是十八洞村的山山水水

光华,是十八洞村的鸟和花

我走在宽广的田野上

我走在细长的河边

你就是我的光华

靠在窗边的那个七岁男孩听到老师读自己的诗,有点不好意思,不自然地把眼神往四处瞟。突然,他大声喊道:"飞机!"打断了老师最后一句朗读。老师笑笑,看见飞机映射在这二十多个孩子眼中,透亮透亮。"'你就是我的光华。'这诗真不错。没想到《边城》有这么大力量,不仅把我们引到这里,还'修'了这么一座机场,把孩子们送出了这里。"书记一声感叹。他的眼睛许久才从早已不见了飞机的天空回转过来,仿佛要一直看到几公里外的那座湘西边城机场去。

《边城》有很大力量,确实。海边小镇的我,深山苗寨里的他们,从远远的地方来的她和他们,肯定都在飞机起飞的那一瞬间,扎扎实实地望着,身后家乡如风。也许还会像我一样,念着文学走进现实,念着启蒙和引领,念着这里那里,有一群少年能被温暖地容许着,写下并成为一首首诗。

 **点石成金**

　　文章构思巧妙,海边小镇的"我"和深山苗寨里的孩子们因故乡情、因沈从文的《边城》而紧密联系在一起,我和他们都念着文学走进现实,念着启蒙和引领,身后是温暖的家乡,眼前是美好的远方,我们都因《边城》、因文学,写下诗并成为诗。

极 夜

◆学校:平湖市广陈中学　◆作者:沈春玲　◆指导老师:刘睿雯　曹利中

我要迎接更高的赞扬,更大的毁谤,更不可解的怨恨,和更致命的打击。

——题记

　　二十世纪三十年代的中国是蒙着一层灰的,哪怕是本该莅临的白天也像是被一团烂泥糊住了通道,他们说这是可悲的极夜。我承认,在如此压抑的黑暗下,所能感受到的不过是无尽的窒息,但是很多人都忘了,正是因为极夜,中国才有极光。

　　艾青是先来的极光,但艾青的文字是从微到多的光亮。《艾青诗选》流露出的情感,总是让我想到《岳阳楼记》的"先天下之忧而忧,后天下之乐而乐"。他总是用悲悯的心去怜惜每一寸土地,去催熟每一颗中国播下的种子,去坚固每一个为希望跳动的心脏。他用自己的精神去救助他人的思想。

　　所以我喜欢《春》的含蓄和奔放,因为叙述的收敛与情感的汹涌,总是卷成狂风诉说万千惆怅;所以我喜欢《鱼化石》的生命和死寂,因为生前的拼命与死后的无名,总是拼成利剑划破黑暗;所以我喜欢《我爱这土地》的渺小与博大,因为一人的勇敢与堆积的泪水,总是积攒成潮水灌溉中国。艾青留下的文字和他的精神一样,想着人民,想着土地,想着中国。人们常说他为人民而生,为人民服务,现在看来确实如此。

　　我还记得持续了三年的疫情,嘈杂的救护车拉走了破碎的生命,却留下了千千万万鲜活的灵魂。他们总是不分昼夜地为人民服务,就像艾青一样。晨曦降临之时,艾青总是站在山岗张开手臂迎接阳光、眺望远方,而工作岗位上的人们,总

是勇敢地站在现场,仰头接受阳光、赞扬,抑或是恶人的毁谤、痛斥。何为恶? 不过是一只蛆虫蜷缩在阴影下,睁眼闭眼皆是黑暗,以至于认为所有人都应该活在阴暗之下。但人民不畏,中国不惧,我们皆被艾青的精神笼罩。

就像温暖的春天会在寒凉的冬天之后来临,活跃在水中的鱼也会死在干燥的土壤中,渺小的人类会对土地产生博大的感恩,没有人可以真正地站出来去打败它,又或是抗拒它。就好比命运是月亮,一面是亮的时,另一面便是暗的。如果你想强行让它的暗面转成亮面,那你总会发现,当你想得到什么优势时,你也会付出相应的代价。

艾青,恰逢新旧社会的交替,在那个年代,街头的流离人家,眼神中没有半点希望,而街头的商贩,无不讨论着可悲的命运。我开始思考,人活着靠什么。在读了《艾青诗选》后我有了答案,人活着无疑靠的是精神,靠艾青的精神。艾青曾传播的伟大精神,至今仍被新一代的人们铭记,就像是臧克家写的,"有的人活着,但他已经死了;有的人死了,但他还活着",肉体的死亡是为了极昼的回归,精神的永存是为了世世代代的人类。

艾青的精神像一把刻刀刺穿心脏,血流不止却不能忘记。我们应该张开双臂,去感受肆意的阳光,温和的春天,以及常驻的极昼。

点石成金

本文展示了作者深厚的文学素养和敏锐的社会观察力。通过引用诗句、描述现实场景、抒发个人感受等方式,将艾青的精神与自己的思考紧密结合,使得整篇文章充满了深刻的思考和真挚的情感。此外,极夜和极昼的比喻也非常贴切,形象地表达了历史和现实中的困境和希望,以及人类在面对这些困境时所展现出的坚韧和勇气。

写给自己的信

——《我们曾在青春的路上相逢》读后感

◆ 学校:杭州师范大学附属乍浦实验学校　◆ 作者:邓乔予　◆ 指导老师:丁辰欢

亲爱的邓乔予:

你好! 我是十四岁的你。我刚刚看完丁立梅的《我们曾在青春的路上相逢》,突然有很多话想和你说,有些杂乱,但我想你应该不会嫌弃我,毕竟我就是你呀。

(一)

这本书中有一篇文章,叫《她已走过花木葱茏》,作者写"母亲突然变得胆小了","她走路小心翼翼。说话小心翼翼。连微笑,也是小心翼翼的"。可从前,她在作者的记忆里是一个吵架从未输过、发着高烧都能挑百十斤的担子、一个人能阻挡风寒支撑起整个家的"狠角色"。

我是什么时候意识到妈妈不再年轻的呢? 好像是那次我捧了张什么奖状回去时,记不大清了。妈妈高兴得合不拢嘴。那天晚上,一桌子好菜,白炽灯亮得晃眼,她招呼我多吃,自己开了一瓶酒,脸颊泛红地一口一口抿。突然她咬紧牙对我说:"幺儿,妈妈不舒服! 感觉心脏跳得好快!"我赶忙过去帮她拍胸口……等她终于稍稍缓过来,我就扶她去房间躺下。等我拿来湿毛巾进屋的时候,她已经安静地睡去了,像个天真的孩子。

我一直深深记得却又不敢认真回忆那天的妈妈,直到看到文章里的那句"灯光洒在母亲脸上,像洒下一层橘子粉,母亲那张皱纹密布的脸,看上去又天真又纯净"。

我记得那天最着急的时候,酒味熏天,我鼻子酸涩,哭哭啼啼地埋怨她:"不是说了不能喝酒、喝不了酒就不喝了吗?!明明知道喝了会吐,还喝!"母亲讪讪地、讨好地笑着,小声嘟囔:"哈哈,今天开心,开心嘛!幺儿不要生气嘛。"我当然知道她不是故意的,可却忍不住愤怒。以前,可以喝好多黄酒的妈妈,现在一瓶都受不住;以前,总被夸和我是姐妹的妈妈,不知不觉间多了好些疲惫和皱纹……

岁月真残忍,它偷走了妈妈的神力,会逐一拿走她所剩不多的牙齿、头发,以及眼神里的亮光,直至她的整个生命……但值得庆幸的是,岁月也很仁慈。她让我看到妈妈的辛劳,懂得了妈妈的良苦用心。真希望时光能慢一点,再慢一点;真希望我能好一点,再好一点,成为更让妈妈骄傲的小孩。

(二)

《草木有本心》中,作者说:"我以为,所有的草木,都长着一颗玲珑心,天真无邪,纯洁善良。""每一朵花都在微笑。一瓣一瓣,都是它笑的纹,眉睫飞扬。""不如向一朵花学习,日子笑着过。"

回想进入初中前,我也怀着李白"山随平野尽,江入大荒流"的豪情万丈、踌躇满志。可是真的坐在陌生的教室,看着周围聚着说说笑笑的陌生同学,我不安、胆怯,疯狂思念小学时无时无刻不成群结队的好朋友们。可是,老师说不能串班,更不能串层——我很不幸,被单独分在这个班。

那就好好读书吧,我想。可是,翻了一倍的主课、每天高强度的学习、时不时就会进行的小练习,逼迫我不得不时刻打起精神。然而,班级高手如云,和小学时不一样,我不再能每次都出现在老师的表扬名单上。一开始我格外在意,拼命拔尖;可渐渐地,我累了,慢慢"麻"了,宽慰自己完成就行。

在迷茫与无助中,我漫无目的地度过了初一。想到接下来初二的学习会更难,我心里就有无尽的痛苦。就在这煎熬的暑假,我读到了丁立梅笔下的婆婆纳——"守着身下一片土,慢悠悠地,吐出一小片一小片的蓝,如锦,美得一点也不含糊。"

我突然想起学校的月季花坛里就有婆婆纳——不是作者笔下如锦般美丽的成片蓝色星海,只有那么稀疏的几小簇,被遮盖在张扬、明媚、艳丽的月季花丛之下。只是路过是根本看不到的,只有凑近了,才能在枝繁叶茂的月季缝隙里发现它们颤巍巍地挤在一起,寂寞地眨眼睛。而我最喜欢的就是体育课自由活动的时候，一个人躲到花坛边坐着。

丁立梅在文章中说："没有草木是丑陋的。如同青春美少女，不用梳妆打扮，一颦一笑，散发的都是年轻的气息，清新迷人，无可匹敌。"

所以，一开学，我就特地去看了花坛里寂寞的老朋友，暑假期间没人打理，月季已经蔫头巴脑，反而是婆婆纳竟有点气候——那纯净的、美好的一小片白蓝色，是每个路过的人都不会再错过的美景了。

"不如向一朵花学习"，我好像突然明白了作者的意思。以前，它们趴在月季花根旁，虽然小小的，但也努力探着脑袋，粉蓝的小脸笑嘻嘻的。尽管被高大的月季挡着，也不觉得委屈。我应该向"婆婆纳"学习——纯粹地活上一回，不辜负春风，不辜负自己！

我心里莫名有了动力。随着初二开始，我感觉自己的状态在不断变好。课堂上，老师的每一句话都变得格外清晰，我能轻松地跟上老师的思路；老师提出的每个问题，我都能快速思考，给出自己的答案。好几次，下课铃响我都心头一惊："怎么过得这么快！以前一节课不是很长的吗？"我也新交了几个好朋友，我们会一起在下课后讨论题目，空闲的时候会一起去看婆婆纳……

青春的伤感，是时光易逝年华易老。妈妈渐渐走过她的花木葱茏，回到生命的最初，从现在起，我要把她当孩子来宠。

青春的成长，是真正懂得"草木有本心"。我踏踏实实地走着脚下的每一步，相信只要用心去过，就会相逢花开如锦。

写于十四岁

2023 年 10 月 6 日

 **点石成金**

这是一封非常温馨而感人的信，作者通过分享自己的经历和感受，将《我们曾在青春的路上相逢》这本书中的主题与自己的实际生活紧密地联系在一起。作者不仅深入反思了自己与母亲的关系，还从书中的《草木有本心》一文中汲取了力量和启示，决心要以更积极、更纯粹的态度去面对生活的挑战。

封建之礼的疾，垂髫之乐的药
——读《呼兰河传》有感

◆ 学校:海宁市第五中学　◆ 作者:曹铭涛　◆ 指导老师:唐晓靖

那日,读过萧红先生的《呼兰河传》,我才在一座城、一条河、一段朝花夕拾、一段迷惘中明白了何为人之"阴悒",何为童之"乐",何为"药"。

此书描写了二十世纪二十年代东北小城呼兰,其中有当地老百姓卑琐的生活、得过且过的处世之态,亦有作者萧红儿童时期与祖父的乡村生活。

"财困如山压骆驼,面黄如菜花入秋。""穷人们看着竟觉得活着还没有死了的好。""人们就这么照就过着。"人之阴、封建之恶我认为皆麇集于此,让孩子不说瘟猪肉,得过且过、守着封建地活着,却给死人好的纸宅子,孤立冯歪嘴子这种信仰科学之人。灿烂青春的团圆媳妇,死在了跳大神、捉鬼、招魂的愚礼之下。更恐怖的是,团圆媳妇死后,呼兰河的人照旧生活,还会有千千万万的团圆媳妇死在封建的夕阳下! 对于一个现代人来说,这种生活就是绝症!

我本以为这种封建之病会在萧红的心里种下,但在书中,我看到了解药,那解药是儿童能感知到的爱、童年的乐趣、儿童的想象力。解药在哪呢? 或许它就藏在祖父的园子里,或许它就在与蚂蚱的嬉戏中,或许它就在创造"凡是在太阳底下的,都是健康的、漂亮的"这样的奇迹。这解药就像呼兰河中的一个拐角,克了循环之苦。

我感悟到,这就是《呼兰河传》中封建之礼的疾,垂髫之乐的药。

《子夜》中吴老太爷守着一本封建《太上感应集》,见了夜上海与乡村不同的灯红酒绿,这落差一大,便犯了封建的心病,一命呜呼。

同样地,五四运动为何会成功? 那份孩子真切的想象力便是主力,李大钊想象创造"少年中国",蔡元培想象未来大家都"把科学当正经",无数先贤像《呼兰河传》中儿童想象自然美景一样想象新中国,这份想象力在那时凝结成了动力,动力又在千千万万国人的想象下爆发,炸毁了封建,成功的爆破声在今时今日仍然能听见。这就是药,来自童真想象力的药。

萧红讽刺了封建吃人的筵席、封建的病,又以孩子的视角给了百年之后的我们一份解药,即使她本人身在重男轻女的封建社会,但她守住了童年的乐,这才不被同化。我想,她留下《呼兰河传》,不仅是讽刺封建,更是一个警示与良药,警示后人不要被封建所束缚,守住孩子的欢乐,守住孩子的想象力,守住光芒灿烂的未来。

现今我们身边已无那时的封建,但我们仍要保有着同样的童年创造力、想象力,正如习近平总书记2014年在北京市海淀区民族小学参加庆祝"六一"国际儿童节活动时所讲到的,"少年儿童是祖国的未来,是中华民族的希望",因此,就让新时代的我们带着儿童的创造力和想象力,去创造祖国更美好的未来吧!

 点石成金

作者通过阅读萧红的《呼兰河传》,分析了封建礼教对人们思想的禁锢和对未来想象力的压制,并指出这是导致社会停滞不前的主要原因。同时,作者也强调了童年想象力和创造力的重要性,认为这是推动社会进步和发展的重要动力。文章结构清晰,逻辑严密,既有对原著的深入解读,又有自己的思考和感悟。

"唢呐"精神

——读《嘹亮的唢呐》有感

◆学校:海盐县武原中学　◆作者:顾依澄　◆指导老师:连志平

　　读着这套书,就好像重走了一遍长征路。小说的主人公王小北,是万千红军的缩影,他们百折不挠,一往无前。在二万五千里的征途中,一个个红色的足迹,走出了永不磨灭的长征精神。

——小说家、编剧　海飞

　　打开书本,我看到了一个身穿打满补丁的衣服的男孩,他就是王小北。王小北目睹了自己爷爷的死亡,他带着唢呐与好朋友林见鹿一起跟随陈胜利投奔红军十三班,与班里的红小鬼一起筹粮、抗战。他是不幸的,小小年纪就失去了亲人;他又是幸运的,能在这样一个团结、机智、勇敢、温暖的红军队伍中成长,最终成为一名有担当、有智慧、有力量的红军战士。王小北只是万千红军的一个缩影,每一名红军都是机智而勇敢、团结而拼搏、百折而不挠的。随着书页的翻动、故事的发展,我领略到了真正的红军精神,内心在激荡,志向在坚定。

智慧与勇气并存

　　书中最精彩的片段,莫过于那场最后的战斗。主人公王小北想到用鞭炮声当作枪声扰乱国民党军队。在林见鹿有危险时,他能挺身而出,机智地将敌人引开,最后成功截取粮食。这次的成功离不开他的智慧,智慧的背后也离不开那份勇气,那份誓死完成任务的责任与勇气。读着读着,我的脑海里冒出了许多与王小北身形相似的小男孩,他们都是那个时代的小英雄:雨来为救通讯员,故意将敌人的注意力引到自己身上,最后被敌人抓住,在敌人审问期间,他从容不迫,机智应答,最后趁机跳入水中顺利逃脱;放牛的王二小被敌人抓去带路,但他为了保护转移的乡亲,巧妙地将敌人引进包围圈,敌人气急之下用刀刺死了王二小;海娃在传达鸡毛信时碰上了鬼子,他机智地把信塞在羊尾巴里,被鬼子抓去,他也不害怕,趁哨兵休息之时连忙逃走,终于将鸡毛信送了出去……战争时期的这些小英雄,机智又勇敢,虽小小年纪,却用生命谱写了华丽的篇章,让我们永远记住了他们的名字。

如今,我们生活在和谐的二十一世纪,但我们同样也需要这份机智和勇敢!用智慧获得勇气,让勇气催生智慧!我们的生活中有许许多多的坎坷,它们就像人生道路上的一个个"关卡",需要我们用智慧和勇气去破解。唯有这样,才能不负"二十一世纪的少年"这一光荣称号。

团结与钻研同在

一翻开目录,就可以看见醒目的两章——"一个也不能少""不放弃任何一个战友",可见这支部队是多么团结。在三儿、林见鹿和王小北迷路时,整个部队都在为他们担心,连夜去找他们。在王小北快要被敌人发现时,三儿和林见鹿却选择暴露自己,把敌人引到他们那里,最后他们团结一致、默契配合,消灭了敌人!正因为我们有这样团结的部队,才能取得最终的胜利。红军队伍身上的这份团结,一直延续着、发扬着:中国自行研制的导航系统——北斗导航投入运营,中国"蛟龙"号最深下潜位置达到7062米,中国独立运营的天宫空间站在茫茫宇宙遨游……一项项关键技术的突破,一代代航天员的努力,一个个团结进取的科研队伍,他们各司其职,齐心协力地完成了工作,让全世界的人都看到了中国智慧。团结是力量,只有团结起来,才能实现"1+1>2",才能让我们的部队、让我们的国家更加强大。

志向与力量同行

随着书页的翻动,我了解到主人公王小北的父亲和爷爷都是红军,现在都已经牺牲了。他们都喜欢吹唢呐,都喜欢那一片灿烂的野菊花。王小北每次看到野

菊花都会思念自己的父亲和爷爷,所以他下定决心一定要成为一名红军,为他们报仇!他把对亲人的思念化为前进的力量,一步一步实现自己的目标。在他如愿成为红军后,继续刻苦训练,研究敌人动向,最终消灭了敌人!这种力量是无形的,是强大的,是厚积而薄发的。我们无法体验王小北那种失去亲人的痛,那种对亲人思念和对敌人憎恨交织在一起的爱与恨,但我们可以学习王小北,把一种情感转化为一种力量。比如你受挫折时可以将这种失败转化为动力,想想自己为什么会失败,原因是什么,哪个方案需要调整,等等。而不是沉浸在失败中,不肯再试一试。

记得那次钢琴考级,十级是最难的一个级别,虽然按照老师的要求练了,但只是练熟缺少感情。虽然如此,我还是抱着必胜的信心,因为前面几级我都顺利通过了。谁知道成绩单发下来时,上面写着"不合格"三个大字,原因是"程度未达",那时我整个人都蒙了,不愿意接受现实。当有人问我时,我都不敢提起。到了晚上,我冷静了下来,"程度未达"这四个字深深地刻在我的脑海里。简简单单的四个字,就指出了我弹琴的最大问题,也就是没投入感情。仔细想想,我练习时确实没有投入感情。于是我不再逃避,而是面对问题,将这种失败的无地自容转化为"一定要过"的动力。于是,我每天坚持练琴,不仅要练熟,还要投入感情。真正的成功是化情感为力量,我想这就是我此次考级最珍贵的收获。

精神与传承永存

王小北他们祖孙三代,用一把唢呐很好地传承了红军精神,当唢呐响起的那一刻,是奋不顾身的冲锋陷阵,是舍生取义的浴血奋战,是胜利在望的美好时刻!现在虽然听不到唢呐的声音了,但有许许多多的人接过了这把无形的唢呐,默默奉献着。疫情三年,是白衣天使们奋战在第一线,齐心协力与病魔斗争,为我们筑起安全防疫线;河南郑州发生水灾时,百姓们自己组成了一支志愿者队伍,与水魔战斗。哪里有火灾,哪里就有消防员;哪里有危险,哪里就有蓝天救援队。正如习近平总书记所说的:"历史川流不息,精神代代相传。我们要继续弘扬光荣传统、赓续红色血脉,永远把伟大建党精神继承下去、发扬光大!"

合上书本,那一朵朵金黄的野菊,那一声声嘹亮的唢呐,那一个个英勇的战士,一一浮现在我脑海里。我将以此为榜样,踔厉奋发,不负少年!

点石成金

　　阅读红色经典,传承革命精神。作者通过阅读《嘹亮的唢呐》,将读、思、悟结合起来,读得细,思得深,悟得透,既热情地讴歌了革命英雄主义,又热切呼吁新时代精神风貌,既有历史悲壮性,又有时代鲜明性。本文采用小标题结构形式,角度灵活多变,构思巧妙,立意丰盈,语言流畅。

胸怀百年伟业,铸就华夏盛世

——读《红星照耀中国》有感

◆ 学校:嘉兴国际商务区实验中学 ◆ 作者:沈徐毅 ◆ 指导老师:杨扬

国家兴亡,匹夫有责。在那个支离破碎的时代,处处充满了荒诞与硝烟,清朝由于闭关锁国导致与时代脱节,落后于世界。

那是段惨不忍睹的历史,缠脚弓鞋,人血馒头,国人吸毒成性,白银外流,频繁的军阀混战使中国无力抵抗侵略,只能任人宰割,百姓流离失所,土地荒芜。那亦是国人觉醒的峥嵘岁月,这一时期有无数革命先烈,幼年以来的压迫和不满在他们心中种下了革命的种子,激发了他们为生民立命、为万世开太平的决心和责任,他们有运筹帷幄、决胜千里的智慧,青年的志向与抱负高远,愿意为民族和时代而浴血奋战,翱翔于九天之上。走进这本书,仿佛走进了那片炽热的土地,仿佛再次见到那一张张淳朴却又真挚的脸庞。

松柏之志,经霜犹茂

艰难困苦,玉汝于成。毛主席是大家耳熟能详的英雄人物,作为中国人民的领袖,领导中国人民彻底改变自己命运和国家面貌的一代伟人,世人只知他是如此耀眼夺目,却不知光耀之前是如何艰苦。

书中写到,毛主席每天做着十三四个小时的工作,常常到深夜两三点钟才睡觉,似乎有着铁一般的体质。正所谓"天将降大任于是人也,必先苦其心志,劳其筋骨,饿其体肤,空乏其身,行拂乱其所为,所以动心忍性,曾益其所不能"。从少年时期开始,他就与其父在田野中做过艰苦的工作;在火云如烧的夏日,他顶着烈日在操场上向光奔去,淬其体魄;在大雨如注的午后,他光着膀子任雨水拍打;在寒风凛冽的冬天,他屹立于山顶,任寒风侵袭,练其精神。这些在常人眼中无法完成的事情,毛主席却日复一日地坚持了下来,这也造就了他坚强的体魄和坚韧的品质,在那个年代,自律的他终于脱颖而出,成就大事。因为他知道,来日的中国,正需要他们有忍受艰难和困苦的能力。

生逢乱世,即使命运如蜉蝣般渺小卑微,但蚍蜉亦可撼树,即使身处背影之下、黑暗之中,但仍有人心向光明。他幼小的心灵中,也埋下了为国而战的种子,待到种子开枝散叶之际,便是国人觉醒之时,青年的成长与国家进步同频,少年强则国强,当少年心怀感念地汇入时代的洪流,年轻的生命便会永不干涸,国家的巨轮便会前进不止。

赤诚忠心,为民而战

"苟非吾之所有,虽一毫而莫取。"这句话用在苏维埃共和国临时中央政府财政部部长林伯渠身上毫不为过,书中描写他穿着一套褪色的军装,戴一顶帽檐已折破的、缀着红星的帽子,在他那双祥和的眼睛上,架着一副镜腿折断后用小绳子套在耳朵上的眼镜,这就是苏维埃共和国临时中央政府财政部部长,两袖清风是对他一生的高度概括。

从书中,我们不难发现前期国民党与共产党的差别。在国民党中,每每攻下城池,便烧杀抢掠,杀人放火,无论小孩还是老人,无一幸免,面对妇人,他们奸淫拐卖,为了资本家的权利和利益而战,不顾人民的死活,在外敌侵略之际,仍然发动内战,置国家与人民于危患与水深火热之中,将土地拱手送人;在共产党中,简明的军纪约束着他们的行为,他们视军纪为圣旨,任何人都必须遵守,勤俭节约便是其中一条,上至最高级的指挥官们,下至普通士兵,衣食完全一样,是彻彻底底为人民而战。国民党可以挡住天上的太阳,但他们无法挡住民主的光芒。

"遍地哀鸿满城血,无非一念救苍生。"这也是广大人民信任共产党的原因。

同声相应,同气相求

水能载舟,亦能覆舟。人民与共产党始终站在同一战线,在与国民党的战斗中,红军战士和广大人民群众勇于斗争,不怕流血和牺牲——一切都像黑暗中的

火光似的,照耀着成千上万的青年的热情、希望和革命的乐观主义,越来越多的青年战士投身于革命事业。青年如潜龙腾渊,如红日初升,如奇花初胎,如利刃之新发于硎,为人生最可宝贵的时期也。

在红军长征中走过的二万五千里的漫长路途中,有许多艰难险阻,正如《七律·长征》中所说的,"金沙水拍云崖暖,大渡桥横铁索寒"。距安顺场北约四百里的地方,山高水窄,河床深且水流快。那里有一座有名的铁链子悬桥,名曰泸定桥。那是大渡河上最后一个可能的渡口。赤着脚的红军战士沿着一条盘绕山峡的狭窄山道向大渡河前进,有时需要爬上好几千尺,又低落到水流的平地,他们在深及腰部的泥泞中连滚带爬,夜间,他们如同一条东方的巨龙绕着山峰转,点起一万只火把,那一夜,火光战胜了黑暗,也照耀了人们的内心,因为他们知道,胜则生,败则亡。

泸定桥是几百年前建的,上有几十根六七百尺的锈迹斑斑的长铁链,几块腐烂的木板充当桥底。然而当红军来到这里时才发现,一半的木板都被毁坏了,只剩锈迹斑斑的铁链子。

时间一分一秒在流逝,不允许他们再犹豫下去了。

这时又一次征求敢死队了,红军战士一个个自告奋勇地站了上来,请求拿他们的生命开拓前路,他们背负着新中国的希望,双手握着冰冷刺骨的铁链,不屈的红军战士朝敌人打出自己的愤怒与不满,子弹如雨一般密集落下,有的子弹打入河中,泛起一阵波澜。枪弹无眼,第一位红军战士被击中了,落入波涛之中,接着是第二个、第三个,水面渐渐被染红了,炮弹砸入水中,泛起朵朵血花。

那一日,天边的晚霞如同火一般热烈地燃烧,在这世间留下一抹自己的足迹,不枉此行,牺牲的烈士们大多正值青年,他们的肩上亦有清风明月和国家担当,他们为国家献出了生命,国家亦不会忘记他们,革命者只能站着死,绝不屈服。

然而,自古两全之事十中无一,青年的父母正期待着他们凯旋,殊不知白发人送黑发人……

夜色孤城之外寒风吹起,为保家国无恙,清风依旧,城中男儿尽数出征,披盔戴甲,奔赴战场,如今已是归期之日,城外夜色浓雾中,女子望着归家的老马,鞍上却空无一人,马上之人已是河边无定骨,世间不定魂,满城红装换白绫,女子面容惆怅,余生喜乐悲欢都无光,一缕青丝一丝叹,独守余生,一袭白衣伴随着远去的丈夫……红尘来去散无痕,哽咽锁清喉,醉酒当歌思故人……

君去也,还斗否? 一息尚存,不许外人欺华夏! 君去矣,愿将热血报华夏;此生不悔入华夏，来世还做中国人。

他们大抵就是真正的家国英雄。英雄从不特指某些人，他们为国捐躯，视死如归，为新中国贡献了自己的一份力。

你我生在这华夏盛世，怎能辜负这盛世年华，崭新的时代为我们提供无限可能，在时代的潮流中相拥，跟着红旗的指引，追逐光的方向，浴于光辉之中。

 **点石成金**

这篇读后感对《红星照耀中国》一书进行了深入而富有感情的分析和解读。作者通过描绘书中的历史背景、人物形象和故事情节，展现了中国人民在那个特殊时期的苦难和奋斗，以及共产党人为国家和民族解放事业所抱持的坚定信念和付出的巨大牺牲。文章结构清晰，逻辑严密，语言流畅，表达了对历史和人民的深刻敬意和怀念之情。

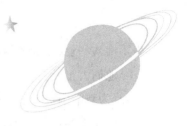

人生路上，无限可能

——读《生活明朗　万物可爱》有感

◆学校:浙江师范大学附属秀洲实验学校　　◆作者:朱恩同　　◆指导老师:王琳琳

　　季老把生活当作素材,将九十多年的阅历汇集于这本散文集。

　　读过便会发现,在质朴可爱的文字之间,在生活琐事背后,藏着季老与春天一样明亮、如宇宙一般浪漫的灵魂。这于我是一种别样的触动。

　　"往日时光难忘"一章中,季老向读者们畅谈儿时往事。《我的童年》一文开篇即是"自己的童年……是一片灰黄",因为故事有一个不算幸运的开头——家境贫寒,读不起书,把白面馒头当作最高享受……他本来会成为一个农民。直到他离开家乡,那是故事的转折点——他在济南渐渐长大,上了学校,于是改变了命运,于是"文学家季羡林"开始成长起来。

　　后来的某一天,当他告别贫苦的过去,已经成长为一个颇有名气的人物。《燕园盛夏》中,他再去看新一代青年人——朝气蓬勃的青年人就像一簇簇含苞待放的生命之花,"祖国大地的每一个角落都是他们理想寄托之所在"。在稚气但明亮的眼睛里,他或许看到了一个如牡丹如菊花明媚的未来。

　　燕园中,身影间,不知道季老是否会想起过去的自己,想起六岁那年成功扭转的人生轨迹——无论是季老还是青年人,他们的路都因奋力奔跑而光明灿烂。

　　散文集中,有团圆有分别,有欢喜有哀伤,我想季老一生做了千千万万个抉择,但无一例外留下一颗真诚热烈的心,以及知世故而不世故的态度。我仿佛在这场无声的对话中,得到人生的感悟。它引领我开启一个新的视角,走向一个新的世界。

　　我,我们的人生路上并没有向导。

"你以后要做一个……的人。"

"你要变得更加……一些。"

虽然一千个人口中我有一千个不同的未来,虽然听起来是毋庸置疑的光明璀璨,却也让我感到彷徨。我问自己,这是真的吗?我又该如何做到?

这使我陷入挣扎中,久久不能释怀。

后来我偶然在书中窥见一些答案。

别再纠结,请勇敢地迈上旅途,未知意味着无限可能。

像季老那堪称戏剧性的人生转折一样,没有谁可以预知未来——幼年那个偷吃白面饼的季羡林不会想到,有一天会坐在国内顶级学府,写出闻名于世的文字。

没有人可以左右我们,那些"你以后"只是在告诉我们可能会看见哪些风景,遇到什么样的人,以怎样一种方式。所以不必惊惶,不必顾虑,只管向前走吧。

路途漫长,难免疲乏,有时候不免萌生"躺平"的苗头,却要记得,对眼前景色的满足,也是对明天的舍弃——也许就在不远处,万丈苍穹之下是巍峨壮美的连绵山川,那些奇观彰显世界的绝妙,你的身侧将繁花遍地,满山遍野伴随花朵摇曳着扑面而来的芬芳将你围绕,万千生命的波浪席卷……在阳光之下,展开未来的画卷。

若不亲眼看看,岂不是太可惜了。

余光中说:"通向理想的途径往往不尽如人意,而你亦会为此受尽磨难。但是,孩子,你尽管去争取,理想主义者的结局悲壮而绝不可怜。"

掸掸灰尘再起身,远方总有值得期待的惊喜。

人间有百态,我只是万万人之一。有无数的人迈着蹒跚的步伐,走在各自的路上。有的人的路平平淡淡,有的人的路轰轰烈烈,有人在雪域高原驻守国界,屹立于千里冰封之上,有的人在街头巷尾点起袅袅炊烟,在人间烟火里游走。选择的路不一样,这又有何妨呢?"须知参差多态,乃是幸福的本源。"

在书中,我踏过季老的路,体会他生活的欢喜和浪漫。

我们读书无非是看别人的路,别人的心,试图从中寻觅自己的轨迹。我们步履匆匆,走向远方,心向何方,路就通往何方。现在,我想,我也要走上一条生活明朗、万物可爱的路。

这条路没有终点。

无论何时何地,我们都在路上。人人都在路上,但我们不是为了终点上路,不是为了追名逐利而上路,不是为了随波逐流而上路,我们是为了街边灯火通明的

都市,是为了路旁春暖花开的旷野,是为了天边闪耀的点点繁星,是为了我所期望的美好的一切。

这便是答案吗?

"未来的路也不会比过去更笔直、更平坦,但我并不恐惧,我眼前还闪动着野百合和野蔷薇的影子。"季老在《八十述怀》中这样说道。

我的路无可替代,也没有尽头,它通向苦尽甘来的人生,通向艰难坎坷和背后的锦瑟年华。

点石成金

本文充满了深邃的思考和真挚的情感,作者对季羡林的散文集进行了深入的解读,同时也将书中的主题与个人经历、思考相结合,展示了敏锐的观察力和深入思考的能力。语言表达流畅,用词准确,充满诗意,使得整篇文章充满了艺术性和感染力。

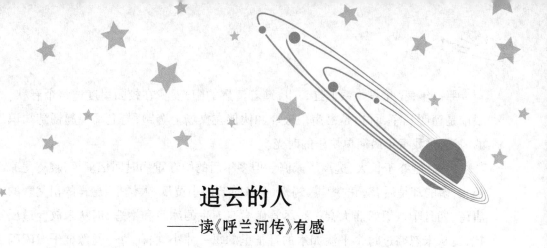

追云的人

——读《呼兰河传》有感

◆学校:嘉兴一中实验学校　◆作者:赵王筱恩　◆指导老师:朱丽

　　浓烈而燥热的夏风吹开了书页,深深浅浅的晚霞流动着。没有车马喧嚣,没有人语嘈杂,只有提香红的云朵,在燃烧着,绽放着。闭了眼,我仿佛融入了漫天壮丽,因为我知道,总有一道火烧云,属于我和她的童年……

　　四年级课本上的《火烧云》,让我第一次认识了萧红,她就像一朵云,装点了儿时的天空。也就是从那时起,我对云有了迷恋。这样一个傍晚,我重读《呼兰河传》,细细品味她的童年。

　　那一年,她出生在名叫呼兰河的小城里,开始了短暂而艰辛的一生。她的面前,是灰暗的社会环境、日复一日的刻板单调,大街小巷充满了唠叨、迷信与争吵。

　　那一年,我出生在一座美丽的城市,迎接我的是家人的笑脸和崭新的世界,一派和乐融融、温馨美满。

　　那一年,她三岁。在人情淡薄的家庭里,她遭遇的是父亲的冷淡,母亲的恶言恶色,和祖母用针刺手指的痛楚。这个世界上,只有祖父深爱着幼小而脆弱的她。每至冬日便荒芜的后园,堆满陈年旧物、尘封已久的储藏室,是她为数不多的排遣寂寞之处。

　　那一年,我三岁。第一次领略外面的世界,新奇又美好。我可以养一条小小的金鱼,也可以搭一座积木城堡,温暖的呵护让我无忧无虑地成长。

　　那一年,她九岁。母亲离世,父亲再娶,她却不得继母欢心,又被父亲毒打。小团圆媳妇死于迷信,冯歪嘴子家破人亡……小小年纪,她目睹了太多悲剧,也承受了太多与年龄不符的痛苦。在祖父的爱与庇护下,她坚强地挺着,成长着。

那一年，我九岁。系上红领巾，踏着清晨的阳光，我在校园里度过每个春秋。眼前是窗明几净，耳边是书声琅琅。和伙伴在操场上奔跑，与老师一起畅游知识的海洋，是我童年最简单快乐的时光。

后来，她终于长大，逃离了家庭。但多年后的她在重病时回忆童年，寂寞悲凉很少，多的却是后花园的蝴蝶、蚂蚱，金秋时节的小黄瓜、大倭瓜，慈祥的祖父教的唐诗，四月十八娘娘庙大会……尽管她尝遍人生的冰冷和憎恶，但从未放弃过反抗，也从未忽略过每个平淡如水的日子里的每一寸小欢喜，每一丝像金子般闪闪发光的温暖和爱。

云披着霞，染红了莫奈蓝的天空，宛如赭红的丝绸上深浅不一的褶皱，隐隐地从针脚的网眼漏出霞光。色彩最绚丽的那朵，就是她曾落笔描绘的火烧云吧，它是火龙，是骏马，更是一个活生生的萧红，一个生于泥淖，却善于发现美好，勇敢追逐自我的萧红。她从童年中走来，幻化成一朵火烧云，永远鲜活在晚霞里。

升入初中已有一年多，我却还是没有真正适应。最初的新鲜感后，就是学习的压力、同学关系的动荡和心态的崩溃。明明自己已经为学业放弃了很多，可总是竹篮打水一场空。每当不称心的时候，我都会在傍晚看看云，看其中一朵最亮丽的火烧云，翻滚变幻。每次，我都会想起《呼兰河传》，想起萧红天真而富于热情的幻想虽已破灭，但她却对生活坦然一笑。不管人生路上多黯淡，她都能找到每个普通日子里的鲜花。

于是，云让我回想起了过去的点滴进步和惊喜，给了我继续坚持的动力。霞光依旧，萧红仿佛在用她笔下的云朵告诉我，不要忘了过去的快乐，带上这些珍贵的回忆，重新出发去追逐自己的云吧。

那朵承载着我和她童年的云，短暂而美好，平凡亦闪耀。它的背后，是我们像火烧云一样温暖和闪亮的过去。是它教会了我如何做一个追"云"的人：在平凡中打捞美好，在平淡中发现珍贵。"云"，可以是崇高的理想，由衷的喜悦，但更多的，是每个简单日子里的小确幸。

我轻轻合上书本，把云朵和晚霞一起收藏在文字里。我将永远追逐那朵童年的云，无论天涯海角。

走吧，和《呼兰河传》一起，做一个追云的人。

点石成金

　　这是一篇充满诗意和深情的读后感，作者通过对比自己与萧红的童年经历，深入探讨了《呼兰河传》所揭示的生活哲理和人生价值。全文情感真挚，文笔流畅，体现了作者对于生活和文学的深刻思考和热爱。同时，文章也通过描绘美丽的自然景象和生动的细节描写，让读者深刻感受到作者对于童年回忆和文学作品的珍视和怀念。

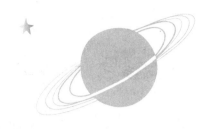

心之所向，素履以往

◆学校:嘉兴市秀洲区新塍镇中学　◆作者:彭思源　◆指导老师:杨妍

　　穿过近百年的历史长河，那些遥远的故事造就了一个红色的国度。我轻轻翻开历史的长卷，目之所及，有硝烟四起，有连连战火，有枪林弹雨。

　　一九三六年六月，一个金发碧眼的西方记者从北平出发，经过西安，冒着生命危险进入陕北边区。他将自己在红区的所见、所闻、所思、所感编录成册，第一次向世界阐述了中国共产党的艰苦历程，让全世界人民了解到红军不可征服的战斗精神和改变世界的热情和力量。

　　书中用朴实的语言让我们认识了许多大名鼎鼎的革命先辈:毛泽东、周恩来、朱德……以及许许多多普通的革命者，他们来自全国各地，有着不同的出身，是什么让这些革命战士战斗得那么长久，那么厉害，那么勇敢？究竟是怎样的希望，怎样的目标，怎样的梦想，让他们成为顽强到令人难以置信的地步的战士呢？

　　翻着书页，这些革命者用春水一般清澈的言辞娓娓道来，简述着自身的经历，他们有过彷徨，有过低沉，经受过各种磨难，但是在改变中国积弱现状、让劳苦大众过上幸福生活的这个理想的引领下，他们义无反顾，豁出性命，心之所向，素履以往，让红色革命犹如一颗闪亮的红星，照耀了全中国。

　　理想是石，敲出星星之火。革命者们以星星之火燎原，怀着热忱的赤子之心和远大的抱负，向着目标拼搏。他们坚守战斗前线如磐石般从未动摇，他们面对枪林弹雨如钢铁般不屈不挠。

　　理想是火，点亮引路之灯。古往今来，在漫漫的历史长河中，有许多坚持理想并散发光亮的人。且看历史，杜甫身居茅庐，生活困苦，却愿"安得广厦千万间，大庇天下寒士俱欢颜"。孙中山从小立下改造中国的决心，怀揣梦想，不断奋斗，成为伟大的革命先驱者。试看今朝，"燃灯校长"张桂梅为改变大山里女孩的命运，创办女子高中，帮助女孩们圆读书梦，也铸就了自己的精彩人生。杂交水稻之父袁隆平躬耕稻田六十余年，每日风吹日晒，辛勤耕耘，与农民别无二致，年过九旬仍工作不止。他心里装着饥饿的中国人民，装着在比人还高的禾苗下乘凉的理想，装着"中国人的饭碗，任何时候都要牢牢端在自己手上"的信念，这坚定的信念指引着他在泥土中播种希望，在大地上书写功勋，成为中国人端起香甜的白米饭时都会缅怀的"袁爷爷"。

　　理想是灯，照亮夜行的路。列夫·托尔斯泰曾说："理想是指路明灯，没有理想就没有坚定的方向，没有方向就没有生活。"作为一名初中生的我，为中华崛起而读书是我的理想。即使理想无比坚定，我也有脆弱动摇的时候。面对努力过后却不甚理想的成绩，我曾焦头烂额过；面对身体状况和学业压力的冲突，我也曾心力交瘁过。我失望过，怀疑过，甚至想过放弃，然而我的心还是坚定了，因为我想起了父母的期望、老师的鼓励，这让我又重拾起了最初的理想，理想的银白之光照亮了我前进的道路。当别人课间谈笑放松时，我伏案做题；当别人早早入睡时，我挑灯夜读；当别人假期玩乐时，我冥思苦想。不积跬步，无以至千里。没有足下之积累，怎至千里之远？我相信，今日的埋头苦读，定能换来明日的金榜题名。

　　心之所向，素履以往，无数先辈以自身的光照亮了我们的理想之路，青年一代的我们，心中也都有着自己的理想灯盏，在日复一日、一点一滴的坚守中必将化为烈日骄阳，让我们看清前路，砥砺前行，到达理想的彼岸。

 **点石成金**

　　这篇文章非常深刻和感人，它穿越了历史的长河，让我们看到了那些为理想而奋斗的革命先辈。文章以生动的语言描绘了他们的坚韧不拔和无私奉献，让人深感敬佩。文章还引用了许多名人和普通人的例子，展示了理想在不同人身上的体现。这些例子不仅丰富了文章的内容，也让读者更加深入地理解了理想的重要性。

小城的苦涩，时代的悲哀

——读《呼兰河传》有感

◆学校：嘉兴市文贤学校　◆作者：寿润真　◆指导老师：赵凤丽

"一篇叙事诗，一幅多彩的风土画，一串凄婉的歌谣。"茅盾曾对这部作品如是评价。读《呼兰河传》像品一杯茶，有悠悠的苦涩，也有淡淡的清香。

《呼兰河传》是萧红的回忆录，那个本应童真烂漫的世界，却在她笔下充满了成长的忧虑。整个呼兰河城是空虚的，家里的院子也是荒凉的。院中陈旧的摆件不知哪天可能就会被归为破烂，没有生气，更没有乐趣。这阴霾的氛围令人窒息，柴米油盐也能让那些精神极度贫乏的人争吵上三天三夜。小孩子们眼睛里的光，在呼兰河人看来，不过就像水中的一颗石子，不会掀起半点涟漪。即使有蝴蝶和蜻蜓在蒿草上闹着，却仍感受不到生气，反而凄凉寂寞，蔓延阴霾。呼兰河的人单调刻板地活着，没有波澜，就像一朵红花开在灰墙上，越鲜艳，越寂寞。他们也已经习以为常，觉得这一切理所当然，所以他们会抓住一切看热闹的机会，不放过呆板单调中少有的乐趣。呼兰河人也曾试图用自己的办法救人，他们跳大神，他们放河灯，他们做的似乎没有错，可似乎每一件事都不对。

痛苦却能静静生活的王寡妇，为了争女子而淹死、判刑的染缸房学徒们，被活活饿死的造纸家私生子……这些人物充满悲哀的命运，令人唏嘘。二伯贪财又虚荣，不大体面，但欺压弱者的人与冷漠看客更不体面；追求幸福的王大姐与冯歪嘴子，得到的不是邻里的祝福与帮助，而是冷嘲热讽、恶意揣度。每个空虚的人都期待"热闹"，却从未有人关心鲜活人命的死活。

小团圆媳妇的悲哀在我的心里蔓延最深。"她的头发又黑又长，梳着很大的辫子……脸长得黑乎乎的，笑呵呵的。"她出场时，语言的色调是如此的明亮。可是这样一个原本天真活泼、身体健康的花季少女,却被婆家狠心折磨致死。围观的人都抱着凑热闹的心态,却从未有一个人想同情她、拯救她。那些离奇的主意加速了小团圆媳妇的死亡。即使作者以孩童的视角提出疑问,认为小团圆媳妇没有生病,却没有人相信她。所有人都被愚昧蒙蔽了双眼,触目惊心的对比使呼兰河的灰调更加明显。当小团圆媳妇离开了这个空虚的世界,空虚的人们也不再悲伤,只是平静,平静地给人不安与绝望,平静中透着无尽的伤感。

萧红静静地叙述着人物故事,平静的局外人语调又夹杂着孩童的视角,压抑而冷漠。即使萧红可以从花花草草中寻找温暖,也给温暖镀上了一层阴霾的灰败。

这阴霾之中,有的不只是萧红的悲愤,更有悲悯。呼兰河城封闭、落后,这里的人们,没有所谓的"坏人",即使是虐待团圆媳妇的胡家婆婆打心里也是为这媳妇好,他们为了治团圆媳妇的病,请求一个药店的人为她开一张药方,这个出药方的人原本是药店里的厨子,实际上是个半疯,但全城的人都知道老胡家是外来户,所以受了他的骗,读来真的是让人同情心酸。当这种善良与愚昧麻木相结合的时候,为呼兰河小城又多添了几分悲剧色彩。

而再进一步看,萧红表达悲悯之后,更是希望用这一面镜子,照出国人的灵魂,促进大家的反思和觉醒。呼兰河人也是坏的,不是一个两个的坏,而是集体呈现出扭曲的人格——自私丑恶、麻木不仁。这些集体人格,成了恶行产生的温床,成了荒诞变合理的催化剂。其实,这也不仅是呼兰河一个地方的故事,更是全中国人在那灰暗历史背景下的写照。

呼兰河流淌着萧红的回忆,而这些记忆,在萧红的心里,就是阴影。当她读书,觉醒,走出呼兰河,她会越发明白其中的荒诞和可怕。她直面现实的惨淡,不只批判,也有想要改变的勇敢,她怀着对不幸的悲悯,对愚昧的悲哀,借助呼兰河写出了自己悲惨的身世。纵观萧红一生,她命运多舛,幼年被迫辍学在家,中年患病,英年早逝,但一生都在追逐幸福、自由、爱与温暖。颠沛流离,不只是为了远离家乡,一定还是出于对光明和自由的向往。如果可以,她一定很想唤醒呼兰河人沉睡的灵魂,拯救他们麻木的心灵,改变这片土地上的思想。

经过一百多年的灵魂涤荡,我们进步了,我们觉醒了,而且全盘换新、脱胎换骨了。取其精华、去其糟粕是个美好的愿望,而实际上,这是一个漫长的过程,但今天,我们做到了。每一个时代都有善良的人性,也有丑恶的麻木,更是永远存在着价值观的差异和争论。所以,珍惜当下,并尽力去将当下变得更好。

　　如果说鲁迅用笔下的阿Q、闰土、孔乙己代表着旧中国国民的劣根性，那萧红就是跟着鲁迅先生的步伐，用她的记忆为旧中国的国民灵魂画了另一幅群像。捧起《呼兰河传》吧，去品味里面的清香与苦涩，去见证他们的不屈与悲哀，去珍惜当下的自由与光明。

 点石成金

　　这是一篇表述精准、发人深省的文章。文章通过描写呼兰河城的空虚和人们的冷漠，展现了其中人物命运的悲苦，引发了读者的思考和共鸣：这不仅是呼兰河一个地方的故事，更是全中国人在那灰暗历史背景下的写照。文章最后以对历史的回顾和对现在的反思，发出珍惜当下、积极为改变社会做出努力的呼吁，使得文章更有深意和启发性。

与鲁迅先生书

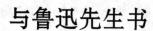

——读《阿Q正传:鲁迅小说选》有感

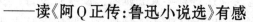

◆学校:平湖市稚川学堂　◆作者:高雨涵　◆指导老师:何金婷

敬爱的鲁迅先生:

见字如晤,展信舒颜。

先生,久慕芳范,未亲眉宇。于我而言,您是那坚定的战士,弃医从文,以笔代戎,战斗一生,是"有一分热,发一分光";是一位慈爱的老师,让我充满信心,"此后如竟没有炬火,我便是唯一的光";是一位忧国忧民的革命者,"寄意寒星荃不察,我以我血荐轩辕"。

对先生最初的印象,是《故乡》中在深蓝的天空和圆月下,在一望无际的碧绿的瓜田中,一名刺猹的少年,幼年的童趣在脑中浮现。但后来,闰土的疏离和那句"老爷……"也让人感到世态薄凉。幼年玩伴间隔了一层可悲的屏障,先生您一定感到心寒吧。

后来呀,先生更多的作品使我着迷。《阿Q正传》中的阿Q生活在一个混沌不堪的社会中,社会的黑暗使他的肉体和精神都被麻痹,他愚昧无知,自私自利,用精神胜利法来逃避现实,最后被枪毙。世间人来人往,熙熙攘攘,都似渺小一粟,先生驻足去描写一个个小人物,但这些人物并不小,每一个都有深刻的含义,充满隐喻。

您在《狂人日记》中描绘的形象,在不断的怀疑中发现,在自我的反思中反抗,觉醒的过程伴随着挣扎、自省和痛苦。我发觉您的文章从不开门见山,需在阅读的同时深深地思考。《狂人日记》犹如无声的春雷,惊醒了中国那些沉睡的灵魂,它是中国白话文的开端,为后代留下无数宝贵的精神财富。您用饱蘸血与泪的笔,

画出这样的国民的魂灵。时至今日，每个中国人都能从中照见自己。在那个战火纷飞的年代，您用文字唤起了人民的觉醒，掀起了时代的滔天巨浪。一支笔如同三千毛瑟枪，笔尖为尖枪，穿透笼罩旧中国的黑暗，您用您的大手拂去阴霾，带来新中国绚烂的黎明。

先生，您为这个国家的未来忧愁，也为民众觉醒而努力。"愿中国青年都能摆脱冷气，只是向上走"，是您对青年人的祝愿。漫漫长夜，白昼就在前方。您曾说，"说到希望，却是不能被抹杀的，因为希望是在于将来"，从中能看出您对未来的期盼，对青年的信任。

说了这么多，却忘了告诉您一个好消息：中国人民站起来了！1949年10月1日，中华人民共和国成立！时光如白驹过隙，而现在，2023年，山河无恙，吾辈自强，中国在整个国际上都处于一个重要位置。我们有自己的火箭，可上九天揽月，有自己的导弹，可震慑四方，还有青蒿素、新纳米技术、石墨烯等，中国在医学、数学和科学方面都有很高的建树。您的努力没有白费，这盛世如您所愿！

鲁迅先生，我最遗憾的莫过于不能亲自见您一面，见见那个"横眉冷对千夫指，俯首甘为孺子牛"的鲁迅。"真的猛士，敢于直面惨淡的人生，敢于正视淋漓的鲜血。"您就是真正的勇士！

顺颂

时祺

您的读者
2023年8月19日

 **点石成金**

文章以鲁迅先生为写信对象，表达了对他的仰慕和敬重之情。作者通过《故乡》《阿Q正传》和《狂人日记》等作品，展示了鲁迅先生写作的独特风格和深刻的思想，表达了对鲁迅先生为中国社会带来觉醒和新生的认可和感激之情。文章情感饱满，文字流畅，表达了对鲁迅先生的深深敬仰，同时也体现出了中国的成就和未来的希望。

忠义犹在，好汉无踪

——读《水浒传》有感

◆学校：杭州师范大学附属油车港中学　◆作者：蒋雨艳　◆指导老师：程代丽

"凤箫声动，玉壶光转，一夜鱼龙舞。"板斧一双，劈不尽漫山柴火；浊酒几壶，淘不尽滚滚江水。这是充满侠肝义胆的浩大史书，这是浪漫与现实相结合的宏伟蓝图——一代奇书《水浒传》。精彩的画面之外，弥足珍贵的是书中对天下大义的诠释。

生逢盛世，不代表阅读《水浒传》、学习书中人物的精神毫无意义，而是要求我们取其精华，去其糟粕。几百年以后，忠义犹在，好汉无踪。作为新时代弄潮儿的我们，"一箫一剑平生意，负尽狂名十五年"，自信心从来都是为人处世的基础，不问出身，不问家财，拥有一颗积极的心，才有机会青云直上。

不知不觉回到书中，想当年，武松打虎前，酒壮英雄胆，使得武松有了足够的勇气上山挑战自己，然而，仅仅有开端和态度远远不够，踏实奋斗，从小事做起，日积月累，集腋成裘，才有望"大鹏一日同风起，扶摇直上九万里"。

梁山好汉公认的领袖宋江原本只是一个寂寂无名的小吏，一开始他既没有显赫的家室，又没有贵人扶持，直到晁盖有难，他竭尽所能地帮助，终于在梁山有了一席之地，此后他每天小心谨慎，凭借三寸不烂之舌，使用招揽人心的手段，成功地用真心和博弈管理好了团队。一路走来，不难看出，宋江的人脉是他一步步积累而来的。

在这样一个乱世，关系显得尤为重要。起义过程中，宋江从不主动挑起矛盾，和事佬的角色使他成了性格暴躁的好汉中一个温顺的另类，也帮助他获得了足够的声望。在我们有了足够的能力之后，就应"铁肩担道义，妙手著文章"，肩扛天下

兴亡之责,正所谓"穷则独善其身,达则兼济天下"。实际上,在《水浒传》里,宋江多次和弟兄们坦露心迹,他永远将梁山好汉定性为匡扶正义、扶持朝廷的义军。这是从古至今中国绝大多数人济世安民的愿景,更是我们所应继承和发扬光大的。

然而,在接受招安之后,宋江逐渐完成了从被统治阶级到统治阶级的转换,接近权力中枢的他盲目相信,不再有了当时的初心和使命,忠义也荡然无存。我一直觉得梁山是具有乌托邦性质的,不分阶级,等贵贱、均贫富,一百零八个兄弟间直来直去、没有嫌隙,没有彼此争功与钩心斗角,只有一句"四海之内皆兄弟"。可这在当时黑暗的北宋末年又如何能实现?奸臣当道,祸乱朝纲,世道乱,人心险,错把黑判作白,即便识出那污浊,也鲜少有人敢跳出来。而这一百零八个好汉太真实、太侠义,最后的结局虽是悲剧却也是合乎情理的。纵使破大辽,取蓟州,征得方腊,又如何?前有高俅童贯,后有杨戬蔡京,他们不看好汉的多少功绩,只看他们和自己是不是一路人。

于是最后,狡兔死,走狗烹,飞鸟尽,良弓藏,好汉们死的死,出家的出家,归隐的归隐,再去征战的一去不返……这是在现实主义框架中纷至沓来的悲剧。

读到结尾,皇帝仍是听信奸臣之言,竟只是在梦中了解到实情,所幸最后是"年年享祭,万民顶礼,至今古迹尚存"。老百姓是明白的,他们固然不喜甚至痛恶好汉们的某些行为,可相比于那些只会吸血享乐的贪官污吏,好汉们扶贫济危、保家卫国,他们也是看在眼里的。中华民族自古便是崇尚"忠义"二字的,这是对中华文化的认同和追求。

或许我们的一生就是如此,哪有什么顺风顺水。回首当下,许多年轻人自以为掌握忠义的本义,以残忍为乐,似乎在完全照搬几百年前梁山好汉的一举一动,殊不知时代早已大变。梁山好汉的忠义早已成为一种文化象征,而现代社会对之的理解早已不局限于肉体上的搏斗,而是一种精神上的共鸣。

这些打着忠义旗号却胡作非为的人,非蠢即坏。文化的火把永不熄灭,即便梁山脚下的湖泊已波澜不惊,梁山之巅无形的大旗却依然迎风飘扬,这是几千年来中华民族的信条,更是当代青少年所应坚持的信念。

点石成金

　　文章以《水浒传》中的经典情节和角色为例，从武松打虎到宋江的崛起，强调忠义、智慧、胸怀、良好的人脉关系对事业成功的重要性，表达了忠于正义、勇敢担当的价值观。文章语言流畅，叙事生动，逻辑严密，既是对于经典作品的回顾和思考，同时也呼唤着新一代的年轻人能够弘扬正义和担当责任精神，为社会的进步和发展贡献力量。

当繁花落尽……
——读《朝花夕拾》有感

◆学校:嘉兴市秀洲区新塍镇中学　◆作者:吴思雨　◆指导老师:占艳平

当小院中最绚烂的鲜花凋零后,留下的是遗忘,还是不朽?

——题记

　　"带露折花,色香自然要好得多,但我不能够。"未几,日落西山,染红了半边蓝天,余晖携着动人的色彩落在神州大地上,花儿从此穿上了晚霞的衣裳,一时风起云涌,回忆就此浮现。

　　"恭喜恭喜,大家恭喜!"小鲁迅醒来就听见了长妈妈欢快的声音,嘴中也被塞进了一块凉凉的东西——福橘。思绪随风飘拂,飞到百草园中,小鲁迅到了他的乐园——百草园,看见碧绿的菜畦,光滑的石井栏,紫红的桑葚,看见昆虫在此欢乐,他也同它们一样,醉心于这一小片天地之中,转眼,长妈妈给他讲美女蛇的故事,不久,随着小鲁迅的目光来到三味书屋,看见沉醉于读书的先生,这是鲁迅对于童年的温馨回忆,是文学大师鲁迅锋利的笔下少有的温情。

　　可朝花夕拾,拾起的只有温馨的回忆吗?不尽然,《五猖会》中写小鲁迅想去看会,却被要求背《鉴略》,而没有了去看会的心情,其中蕴含了多少对封建制度剥削摧残孩子天性的批判与无奈。回忆儿时为父亲求医治病的情景时,又揭示了多少人被庸医草菅人命、勒索钱财的实质。写阅读"老莱娱亲"和"郭巨埋儿"时的反感,又饱含了多少对封建孝道虚伪、残酷的讽刺,以及对旧中国儿童的同情。

　　或许有一人,只身在黑暗中前行,看到一盏灯,就奋不顾身,把灯高高举起,试图照亮更多人,给更多人带来光明。或许有一人,在厉鬼横行的世界中前行,看到一把刀，就奋不顾身，拿起刀奋勇地杀厉鬼，只为救起更多良善之人。他以文作灯，照尽一切黑暗，以笔作刀，杀尽一切罪恶。他是出淤泥而不染的莲，是从竹林间吹向浊世的风，是于乱世之间绽放的最为盛大的花朵，惊艳也救赎了千千万万的中国青年。

可当繁花落尽，人去楼空，只留几篇文章流传于世间。

或许有人会说，如今之盛世，何须此等乱世英雄。当真不需要吗？虽然山河换了新颜，曾经的十里长安街如今繁华如斯，新时代的人们不再饱受战乱摧残，可这真的是最好的时代吗？不尽然。

世人慌慌张张，只为碎银几两，偏偏就碎银几两，能解万种惆怅。走进校园，看见的是同学拼命读书的身影。为什么读书呢？是为了前途，为了有更好的生活，而又有多少人会说出那句"为中华之崛起而读书"？站在喧嚣的地铁口，又有多少人是不浮躁、手中拿着书的？

然而国际形势如此紧张，台湾尚未被收复，环境如此恶劣，日本毫无节制地排放核污水，周边危机四伏，西方列强贪婪地注视着我神州大地。就在这紧要关头，又有谁能质问出那句"中国人失掉自信力了吗"？

我陷入了沉思。

已是晚春，窗边一阵清风拂过，便是一地落红。"落红不是无情物，化作春泥更护花。"红已落，花未绽。

先生的书教导我明事理，如今我已了然。现在正是我等青年人的舞台，虎狼在外，不敢不殚精竭虑，山河未定，亦不敢轻贱其身。吾辈应用吾辈之青春，吾辈之热血，捍卫盛世之中华。不负先辈的期望，不负我泱泱华夏的栽培。

我泱泱华夏，一撇一捺皆是脊梁！

我神州大地，一思一念皆是未来！

我浩浩九州，一文一墨均是骄阳！

当花园中最灿烂的花凋零时，同时预示着更为盛大的花的绽放，因为它的躯体将化作养料养育千千万万的花朵，不是遗忘，而是永生。

繁花落尽，即是最伟大的绽放。

 **点石成金**

　　文章通过回顾鲁迅童年的温馨回忆和对旧中国社会的批判,表达了对鲁迅先生及其作品的敬仰之情,强调了鲁迅是一位在黑暗中奋勇前行的英雄。文章还提到了当今社会的问题,呼吁年轻人应以自己的行动为盛世之中华尽力,不负先辈的期望。整篇文章语言流畅,意境深远,表达了作者对鲁迅精神的崇敬和对时代的思考。

富贵不能淫，自制方有为

——读《儒林外史》有感

◆学校：北京师范大学南湖附属学校　◆作者：潘尔加　◆指导老师：李华娟

> 人活于世，要学会拒绝，学会说不。
>
> ——英国哲学家莫尔

《儒林外史》对明代的儒生进行了细致的描述。以功名富贵为一书之骨，有心艳功名富贵而媚天下人者，有倚仗功名富贵而骄人傲人者，有假托无意功名富贵自以为高，被人看破耻笑者……但他们最终或一无所成，或贪腐无能，或死不瞑目。儒林中的许多人，面对功名利禄无法自制，丧失人性，成了科举机器、八股腐儒。

在明代八股文的兴盛中，唯有自制，才能抵挡住世俗、功利的洪流。就如书中的匡迥，他本就文采过人，却还勤奋刻苦，又孝敬亲长，是一股"儒林清流"，但他在考中举人后，失去了本心，又结交了一批所谓"名士"，一点点被世俗污染，最终沦为一个不知廉耻的吹嘘者，虚伪透顶，狡诈至极。"好好的一个匡超人，一脚踏进儒林便成了畜生"，是他一生的写照，而他的人生悲剧，归根结底是自制的丧失。

自制，是一个人立身处世的安身之本。

一个人如果无法抵制诱惑，必将身败名裂。三国时的岑昏穷奢极欲，好兴土木，置人民劳苦于不顾，最终东吴群臣数百人叩头请求孙皓杀之，遗臭万年；唐玄宗本可以成为一代英主，却因贪恋美色，沦为一个荒淫无道的昏君。当今社会一些落马的官员，不也是难拒诱惑才锒铛入狱沦为阶下囚的吗？他们为了金钱、名利，忘了自己曾许下为人民服务、甘做公仆、无私奉献、报效祖国的诺言，走上了不

归路。自制使人能够立足于社会,在这个时代有尊严地生存。

自制,是一个人坚守本心的力量之源。

人生最好的状态,无非是守得住本心,经得起诱惑,理得清得失。王冕拒绝京官危素的召见,不愿和乡绅同流合污,潜心画荷,尽心奉母,归隐会稽,耐得住寂寞,守得住本心。他作为一个标杆或者说一面镜子,与那些追名逐利、迂腐固陋之辈形成鲜明对比。面对加官进爵的封赏,李白发出"安能摧眉折腰事权贵,使我不得开心颜"的感慨,以"五花马,千金裘,呼儿将出换美酒"的洒脱,绣口一吐,绘就半个盛唐。当名利摆在眼前,李玉刚这个拥有圆润歌喉的玉面佳人,拒绝了名和利的诱惑,坚持自己创作的本心,独居一隅,潜心创作,一曲《贵妃醉酒》不知醉了多少人的大唐梦。自制,才能坚守本心,在时代变迁中,留下自己的一腔热血。

自制,是一个人有所成就的精神之基。

"道不同,不相为谋。"即便有名利相诱、武力相逼,也要清醒自制。庄绍光知"我道不行",把教养的事细细做了十策,又写了求赐还山的本,呈递上去,权臣将其收于门下,但他坚决婉拒:"世无孔子,不当在弟子之列。"小不忍则乱大谋,韩信受胯下之辱,忍而不发,克制住了自己的愤怒,终成一代名将;吕蒙勇而有谋,最初却不肯就学,行事鲁莽,在孙权劝学后,克己隐忍,以奇谋威震华夏;屈原面对君主昏庸、奸佞当道,选择了"举世皆浊我独清",用高洁的姿态迎击世俗的昏聩……古往今来这样的例子不胜枚举。陶渊明辞去官职,居住在一个宁静的村庄,因此有了"采菊东篱下,悠然见南山"的旷达胸襟;周敦颐拒绝官场腐败,才有了"出淤泥而不染"的洁身自好;王冕淡泊名利,留下了"不要人夸好颜色,只留清气满乾坤"的佳话。自制,方能忍辱负重成大事;克己,才能洗尽铅华有所成。

以身试法锒铛入狱者已为我们敲响警钟,前事不忘,后事之师,我们绝不能重蹈覆辙。学会自制,给人生留一缕阳光,让名缰利锁无用武之地,让诱饵徒然垂悬无人问津。

点石成金

文章通过描述《儒林外史》中不同人物的命运,提出在名利诱惑面前保持自制的观点。文章指出,自制是一个人立身处世的安身之本,是一个人坚守本心的力量之源,是一个人有所成就的精神之基。最后,呼吁人们要学会自制,不重蹈覆辙。文章观点明确,立意深刻,逻辑清晰,内容充实,是一篇论述文的佳作。

淬大义之火，铸民族脊梁

——读《水浒传》有感

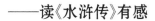

◆学校:桐乡市求是实验中学　◆作者:井辰冉　◆指导老师:诸慧颖

直到我看了这本书，我才明白原来世界上还有这样一群人。他们朴素粗豪，他们侠肝义胆，他们坚守信仰，他们替天行道。他们一片丹心照日月，他们化身光焰亮人间。他们，是水浒一百单八个好汉。

《水浒传》讲述了好汉们不堪北宋末年的暴政揭竿而起，聚义梁山泊，在经历了一番周折后，最终因接受招安致使起义失败的故事。其中，令我印象最深刻的是花和尚——鲁达鲁智深，他面对当时尖锐对立的社会矛盾和官场污秽的残酷现实，做到了出淤泥而不染。他勇而有谋，在那个动乱的年代，用自己独有的方式，书写了可歌可泣的人生。

俗话说得好，"见义不为，无勇也"。

义，是义气，鲁智深在林冲被发配时跟了一路，最后救了林冲的性命。义气也能从最小的事情做起，向摔倒的人伸出手，给予处于困难中的人一个鼓励的眼神，也许微不足道，但当看到那重新投来的充满感激与希望的目光时，你将会看到"义"的重要性。

越千年之距，翻开书页，窥视那壮阔豪迈的忠义，用心感受那种"义"是一种共鸣。

"义，志以天下为芬。"

义，是大义，是为天下安定、国家昌盛而做出的无私奉献。水泊梁山在接受招安后镇压王庆、田虎、方腊等起义军，他们虽然厌恶朝廷，但却忠于国家，忠于人民，为社会的安定做出了贡献，更有甚者，为此奉献出了自己的生命。每看到这里,我都会笑出来,笑着笑着就哭了——一群"憨憨"!

　　回首中华民族的坎坷前进之路,不正是因为有像他们一样的"憨憨"嘛!是他们拼尽全力,让进步的车轮驶出泥潭;是他们耗尽心血,用颤抖的手指出中国前进的方向;正是他们,在战场上抛头颅、洒热血,只为守住那个他们心心念念的国家……他们笑谈"青山处处埋忠骨",试问"何须马革裹尸还"。是他们,正是一代代的他们的共同努力,才有了如今繁荣富强的中国。他们的义是民族大义,是中华大义!

　　拂去历史的烟云,拈起那一段悲壮的故事,闭上眼,感受脉搏的跳动,那种"义"是一种传承。

　　风起帘动,摊开这墨香古卷,品味义,感受义,传承义。对这三个笔画的简单字重新加以定义——义气随时可有,而大义却要用一生来阐释……

点石成金

　　作者以鲁智深为例,阐述了他的义气和大义,并通过探讨"义"在个人行为、社会和民族进步中的作用,表达了对于"义"的重要性的思考,让人对《水浒传》中人物的精神内涵有了更深的理解。文章语言流畅,表达清晰,抒发出对水浒一百单八个好汉的敬仰之情,同时也传递了对中华民族精神的歌颂和传承。

在平凡中追寻不平凡

——读《平凡的世界》有感

◆学校:嘉兴市南湖区七星中学 ◆作者:李瑞杨 ◆指导老师:费姚红

1949年的一个冬天,一个孩子降生于陕北的黄土地上,后来的他挨过饿,被父母过继,人生的苦难伴随着他,但他却没有放弃,而是更加奋发地前进!最终,他创作出了一部荣获茅盾文学奖的作品。这个人叫作王卫国,也可以叫他路遥。这本书就是《平凡的世界》。

初看《平凡的世界》,你会发现一切都是那么的普通,平常的村庄,平常的学校,平常的城镇,这一幕幕每天都在这大地上上演。然而神奇的是,这个世界有一群不甘平凡的、炙热的人试图改变自己的未来,改变这个世界。作者善用一种事物引出群像,用一个黑馒头引出穷且益坚的孙少平与他的同学们,一包老鼠药引出有责任感的孙少安以及村中众人。此刻眼中不再只是密密麻麻的文字,而是一个个活灵活现的人,跃然纸上。

路遥把自己的经历分给了孙少安和孙少平,孙少安作为大哥仿佛一直承受着作为兄长的责任与痛苦,保护着自己的弟弟妹妹。他为了家庭被迫放弃学业,是无奈之痛!他因为家境差异而离开青梅竹马的润叶,是割舍之痛!他为了家庭的未来到处奔波,是责任之痛!但他却从未放弃,甚至更加努力,以自强不息的精神面对世界磨难,最终成为村里的"冒尖户"。而弟弟孙少平,他不甘困居于乡村之中,积极融入现代社会,还有极强的自尊心。那时田晓霞似乎就成了他唯一的精神寄托与伴侣,最后在爱人去世与身体毁伤的双重折磨下,他选择回归平淡的生活,给读者留下无限遐想。

细看这世间,无疑是充满苦难的,它生动诠释了什么叫"地球不会绕着你转"。

当少安在庆祝仪式上风风光光时，他妻子秀莲却患上了肺癌；当少平与晓霞热恋之时，晓霞却因为救人而离世。苦难捉弄着人们，它喜欢在事情往好的方向发展时给你当头一棒，让你自我怀疑，也怀疑这世界。人们被这平凡的牢笼压抑太久了，想要挣脱却也需要付出代价，突破平凡的道路上满是荆棘与泥泞，人们想要走过，就要留下鲜血淋淋的经历，难以忘怀的经历。你敢走吗？你走得过去吗？懦弱与恐惧阻挡着人们挣脱平凡的牢笼。

然而世间并不只有残酷，冷漠中的温情，更加显得珍贵。无论世间磨难有多么令人痛苦，却磨不掉人们的温情。孙少安兄弟两人在澡堂互相搓背，是醇厚的兄弟情；金波不远万里去追寻当年的藏族姑娘，是眷恋纯真的爱情；还有孙少平与田晓霞跨越物质的爱恋……人生越是悲惨荒寒，这人与人之间的温情就越是回味甘甜，让人更加相信这平凡的世界有不平凡的存在，温情支撑着人们在突破平凡中奋发向前。

自从五年级初读《平凡的世界》，每年我都会重新翻看几遍，随着年龄的增长，我心中对这本书的理解也更加地清晰。越是身处平凡之中，就越要去突破平凡，追求属于自己的不平凡。我也曾在这平凡的世界碌碌无为地度过每一天，任凭光阴流逝，甘于毫无成就，蹉跎岁月。而当我真正理解这本书的内涵之后，我醒悟了！我不能再甘于平凡，被束缚于平凡的牢笼之中。我渴望突破平凡，追求属于自己的未来，所以我奋发图强，坚持不懈地学习，不断地进步，不断地超越自我，成就属于自己的不平凡。

生于这个社会高速发展的时代，我们已经适应了这种有规则的生活、平凡的生活。我们每天想着的不再是未来的自己会怎样，而是如何安稳度过今天，成为甘于平凡的人。我们要像孙少安兄弟那样在平凡中追求不平凡，生于农村又怎样？无法上学又怎样？生活百般阻挠你又怎样？只要你有自己的奋斗目标与精神追求，永不为磨难所困，坚持不懈去奋斗，你就是不平凡的人，你就是炙热而会散发光芒的明星！坚定的信念能带你走过突破平凡的道路，所谓荆棘，在你走过以后也会开出万里玫瑰，那是属于你自己的生命之花！

 **点石成金**

　　文章以自己对《平凡的世界》的理解和思考为基础,表达了超越自我、在平凡中追求不平凡的人生态度。作者通过细致入微的描写和具体的事例来支撑观点,同时,个人实践和情感的融入,引发读者共鸣和思考。结尾精彩的比喻也给人留下了深刻的印象。整体来说,这篇文章结构紧凑,表达清晰,思想深刻,给人以启示和鼓舞。

扎根·生长

——读《艾青诗选》有感

◆学校:嘉兴市禾新实验学校　◆作者:刘思思　◆指导老师:李彩红

"咬定青山不放松,立根原在破岩中。千磨万击还坚劲,任尔东西南北风。"因为爱,所以扎根;因为扎根,所以生长。

扎根·站起来

"但是在泥土的覆盖下,它们的根伸长着,在看不见的深处,它们把根须纠缠在一起。"读艾青的《树》,眼前仿佛出现一幅鲜明的图画:一棵棵挺拔的树立在土地上,透过土层看去,蛛网般交错相杂的根须纠缠在一起,紧紧地团在一起,奋力地与地面抗争,给你以力量的震撼。艾青与他的诗作一起,与我们民族多灾多难的"土地"和人民取得了血肉联系,用深沉的爱去关注时代与人民的命运,深深扎根于祖国与人民,积极投入抗日的洪流中,"用嘶哑的喉咙"发出"黎明的通知",呼唤中华民族觉醒,激励民族奋进,鼓舞中华民族历经磨折,由危亡走向新生,屹立于世界东方,当家作主站起来!

扎根·挺起来

"淡泊名利,一介农夫,播撒智慧,收获富足。他毕生的梦想,就是让所有人远离饥饿。"为了实现这一梦想,他一路披荆斩棘,突破重重难关,即使已经名满天下,却仍然游走于田畴。他耕耘杂交水稻五十七年,最终将禾下乘凉梦变成现实,

将九州大地洒满稻香。他的"饥饿药方"也正在造福着全人类、全世界。民以食为天，"吃饭不忘袁隆平"，这是对袁爷爷的最高褒奖。他一如艾青笔下的"农夫"，"真正地爱着土地"，"像树根一样难于移动"，"固执与不驯服"。他深深扎根于土地，执着、顽强，永远向前，用一生的不懈努力去促进杂交水稻走向世界，践行解决全球粮食安全、消除贫困问题的"中国方案"，站上国际的舞台，昂首阔步挺起来！

扎根·强起来

在炮火下求学，在荆棘中拓荒，他用汗水、青春为祖国实现火箭升空、卫星环绕、九天揽月、踏足火星的壮丽梦想贡献了力量。他一生简朴，却捐出自己的大笔积蓄，资助科学研究。他指导一代又一代青年才俊，成长为作风优良的航天工作者。"追赶，并跑，领跑，五十年差距，一载跨越"，在陆元九的带领下，中国航天人勇攀高峰、自立自强，用一个个坚实的脚印，把梦想照进现实。"北斗人"踔厉奋发，"探火人"笃行不息……中国航天人扎根航天事业，敢上苍穹揽月，不畏艰险启航，诠释拳拳爱国心，开辟漫漫航天路。他一如艾青笔下的"光"，"召唤我们前进"，"送来了新时代的黎明"，邀请"我们从地球出发，飞向太阳……"，翱翔太空强起来！

艾青是树，袁隆平是树，陆元九是树，我们也是树，每个爱国扎根祖国土地的人都是树。读《艾青诗选》，你会饱食一顿精神大餐，你会骄傲于我们中华民族是一个精神丰实的民族，一代代中国的脊梁，承载和传扬着中华民族的精神价值。

诚然，现在的我也许只是一棵刚发芽的树，但我仍会深沉地爱着脚下的这片土地，在深深扎根的同时，也努力向上生长，像艾青那样嘹亮地歌唱，为我们的中国梦、强国梦，武装自己，奉献自己。

从现在开始，别让梦想只剩下空想，也不要将希望变成失望。当梦想和爱国碰撞出火花，再加一点努力的油，那你离成功就不远了。要记牢：扎根，才生长！

 点石成金

文章通过引用艾青的诗句和对艾青、袁隆平和陆元九的描述，表达了对栋梁

之才的赞美和对爱国精神的推崇，强调了扎根于祖国的重要性以及自强不息的力量。文章情感饱满，语言优美，表达了对艾青及其他具有奉献精神的人们的赞美，同时激励读者要有爱国情怀，扎根于祖国，为实现国家繁荣发展贡献自己的力量。

一座城 一群人 一曲悲歌
——读《呼兰河传》有感

◆学校:桐乡市六中教育集团振东中学 ◆作者:沈之易 ◆指导老师:侯旭芬

《呼兰河传》是萧红最著名的代表作,以儿时萧红的视角描写在呼兰河城发生的人与事。

断断续续读完本书,情绪一直笼罩在一片灰色中,犹如一张灰白照片,而唯一能抚慰我的那点亮色来自第三章,在那个大花园里,保存了萧红无忧无虑的童年快乐时光。书里描写了祖父——一个慈祥亲切的老人,也是最疼爱萧红的人,是她心中唯一且永恒的慰藉。祖父教幼年的萧红读诗,认识植物,书中祖孙间的对话,幽默诙谐,充分表现了一个孩童的天真可爱,富有想象力和好奇心,也体现了一个长辈对晚辈的慈爱与耐心。即使在萧红遭受他人冷眼之时,也是祖父这团火温暖了她,以上便是全书浓墨重彩的一笔。笔锋一转,文末写道:"从前那后花园的主人,而今不见了。老主人死了,小主人逃荒去了。"至此,那一抹仅有的色彩褪去……

随之席卷而来的是悲剧人物的阴霾,令我为之震动的是小团圆媳妇,一个原本活泼大方的女孩,只因她走路飞快,坐得笔直,见人就笑,便被认为不像个小团圆媳妇,遭到婆家的毒打、虐待。用鞭子抽,用烧红的铁烙,打得她痛哭号叫……却美其名曰这都是为她好。在跳大神的过程中,她被烧开的滚水烫了三次,封建迷信的人们认为这能治病,却间接地导致了小团圆媳妇的惨死,而一旁的看客们,竟无一点良知与恻隐之心。小团圆媳妇只是那个时代的缩影,一个无辜的牺牲品,酿成这个悲剧的,只是她的婆家吗? 不! 难道围观的人没有一点点责任吗?人们丧失人性,精神麻木,传统的陋习已经成为人们的集体无意识,用鲁迅的话说，他们是"无主名无意识的杀人团"。

萧红深刻地反映了当时人们内心世界的腐败不堪，对人们所做的一切感到深恶痛绝。然而令人欣慰的是，在这样乌烟瘴气的环境里，冯歪嘴子——一个贫苦但坚忍的磨倌，他从未放弃对生活的希望，孤身一人以顽强的毅力支撑起一个家庭，他虽然也常常满含着眼泪，但一看到孩子们的成长，他那含泪的眼睛就立刻笑了起来。他勇敢坚强，悉心照顾两个孩子，在他身上我们看到了贫苦生活里人性的光辉与责任担当。

一座呼兰河小城，一群人，许多事，表达了萧红对呼兰河小城的爱，那里有她最纯真的童年回忆，但同时，她也痛恨人们的安于现状、愚昧迷信，她用细腻的笔触谱写了一曲哀婉的悲歌，希望能借此唤醒沉睡的人性与良知，丰富人们的精神世界，燃起他们对生活的追求与希望。

 **点石成金**

这是一篇思想深刻、感情真挚的读后感。文章通过小团圆媳妇的遭遇，表达了对她的同情和对社会无良行为的愤慨；通过冯歪嘴子这个坚忍乐观的人物形象，为读者展示了贫苦生活中人性的光辉。整篇文章语言表达流畅，情感细腻，以生动的描写和深刻的思考，展示了作者对小说的独到见解，表达了对人性良知的呼唤。

于人心的渊薮中仰见太阳

◆学校:嘉兴市第一中学　◆作者:沈叶蕊

　　阅读《罪与罚》无疑是一次独特甚至煎熬的体验:陀思妥耶夫斯基不但格外地苛待笔下的主角,将其置于外部环境和内心世界的双重炼狱,亦给久经后现代文字游戏沙场的读者当头棒喝。我们有多久没有阅读过如此直逼人性幽暗曲折之处,如此拷问读者、拷问自己的作品了呢?

　　陀思妥耶夫斯基常常因行文快速且粗放而遭人诟病,纳博科夫更是极言"一切小说都是狼来了的神话","风格和结构才是一部书的精华,伟大的思想不过是空洞的废话"。然而精雕细琢有时是一种障碍,陀氏的作品自有一股粗粝的蓬勃生气,这正是重剑无锋、大巧不工。面对人的幽深复杂,乔伊斯以大量的隐喻和精巧的结构,暗示读者体会现代人无"家"可归的失落与荒芜;普鲁斯特则任由意识打开,超越线性闭环的叙事传统,文本成了一个自行生长的世界……陀思妥耶夫斯基直面淋漓的鲜血,是另一种高超,更需极大的勇气。

　　一个贫穷的大学生,杀了一个放高利贷的老太婆,这可以是一个蹩脚的犯罪小说的情节。但是显然,陀思妥耶夫斯基只是把杀人事件当作外壳,真相一开始就已大白,他要从杀人事件通向主角内心的"超人问题"。

　　陀氏另一部作品《地下室手记》的主人公曾说:"一个人之所以要报复,是因为他认为这样做是对的。也就是说,他找到了始初的原因,找到了基石。"像拉斯科尔尼科夫这样出身卑微、生活贫寒的人并不少见,但是他为自己找的基石却是特别的:他不是为了饥饿、为了金钱杀人,甚至也不是为了面临黑暗命运的妈妈和妹妹杀人,而是为了自己杀人。"我究竟跟大家一样是虱子呢,还是人? 我能不能越过界限! 我敢不敢弯下腰去拾起权力来? 我是个发抖的畜生呢,还是有权利……"

极度的窘境，催生了病态的自我膨胀。他清楚地知道自己可以"混过去"，可以学习、工作，可以摆脱困境。然而拉斯科尔尼科夫无疑能敏感地体察这个世界的苦难，他不但能从自己的生活中品尝苦涩，也因他人的不幸痛苦。努力挣扎着活下去，在他看来不会对世界有任何本质的改变。"意识太多，是一种疾病。"他又是一个十足的幻想家，没能像拉祖米欣那样在苦难中绽放，苦难成了罪的土壤。一蹴而就的幻想和扭曲变形的自尊，酿成了"超人理论"这杯毒酒。

人类社会的变革，需要有超凡的"人"、毫无畏惧的"人"来打破规则，而"虱子"只能服从于这些"人"，甚至是渴望服从的，自由对于"虱子"来说太烫手了。

他奉为圭臬的"超人理论"，充斥着理想主义的自欺欺人。拉斯科尔尼科夫无疑害怕"庸常之恶"又敏感多思。在面对"能不能"这个问题犹豫时，他已隐隐认识到自己并非"超人"，而绝望地想要证明自己的信念将他拉向了犯罪的深渊。

通俗的犯罪小说总是将矛盾聚焦在罪犯与警察或侦探的斗智斗勇中。而陀思妥耶夫斯基虚化了外部环境，人物的内心世界被无限放大。比起刑罚，心罚更折磨他。拉斯科尔尼科夫说："难道我杀死了老太婆吗？我杀死的是我自己，不是老太婆！我就这样一下子毁了自己，永远毁了！……是魔鬼杀死这个老太婆的……"罪本身便是最残酷的罚。从斧头落在老太婆的头上那一刻起，他就永远与他人产生了隔阂——罪将他抛到了空旷的旷野。作者对主角的解剖令我心惊，罪恶感人人皆知，而背负着"我有罪"而产生的巨大孤独却带来了令人胆寒的真实感。

所幸，炼狱之后，他遇见了自己的贝雅特丽齐：索尼娅。

《罪与罚》中身处泥潭的人太多了。堕落的酗酒者马美拉多夫，自责又无法自持，挥霍女儿索尼娅卖身得来的钱，最终死于街头；纵情声色的斯维德里盖洛夫，面对杜尼娅的拒绝却惨然放手，自杀身亡；肺病缠身的卡捷琳娜，歇斯底里又病态自尊，透支着自己的生命来维持岌岌可危的家……鲁迅说："他把小说中的男男女女，放在万难忍受的境遇里，来拷问他们，不但剥去了表面的洁白，拷问出藏在底下的罪恶，而且还要拷问出藏在那罪恶之下的真正的洁白来。"《罪与罚》中的他们复杂却真实。

然而，索尼娅却实在格格不入地单纯。我以为陀氏把上帝寄托在了她身上：这个上帝不仅是宗教的、人格化的上帝，更像一种非理性的、直觉的存在。当我秉持着无神论的观念，阅读着索尼娅给拉斯科尔尼科夫读《圣经》的情节，即便理性上不屑，却仍被感染——这是对生活本身的信仰。

"我存在着！在千万种苦难中——我存在着，尽管在苦刑下浑身抽搐——但我存在着！尽管坐在一根柱子顶上苦修，但是我存在着，我看得见太阳，即使看不见，也知道有它。知道有太阳——那就是整个的生命！"德米特里所说的太阳，于拉斯科尔尼科夫而言是索尼娅。现实中的自首，并没有让他的心灵自首。

拉斯科尔尼科夫之罪——狂妄，源自精神的虚无和幻灭；遇见索尼娅，感受到索尼娅的爱，惶恐的灵魂才丰满。与其说是宗教拯救了拉斯科尔尼科夫，更应说是索尼娅对生活充满韧性的爱拯救了他。

现代人是善于怀疑的。裹挟在匆匆的时代潮流中，信仰似乎淡出了我们的生活。在"上帝已死"的今天，我们还有什么可以相信，这个问题，《罪与罚》没能给出答案。文学家的职责是提出问题而非解决问题，《罪与罚》的灵魂大戏以宗教收尾必然无法使现代读者满意。然而，我们可以永远相信太阳。

点石成金

作为陀思妥耶夫斯基这样伟大作家的伟大作品，《罪与罚》所具有的力量是极具冲击性的。在独特甚至煎熬的阅读体验中，作者获得的不仅是伟大作品在文学形式上的"粗粝的蓬勃生气"，更读懂了作家借由作家而进行的对人类灵魂的拷问。虽然作者说，陀思妥耶夫斯基没有在《罪与罚》里给出在"上帝已死"的今天还有什么可以相信的问题答案，但是，本文却是可以相信陀思妥耶夫斯基的《罪与罚》是一部伟大作品的明证。

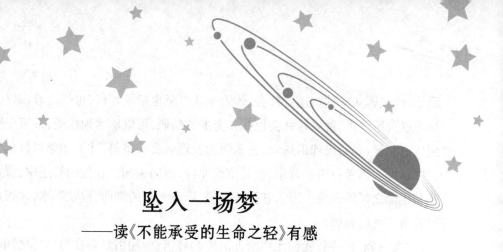

坠入一场梦

——读《不能承受的生命之轻》有感

◆学校:嘉兴市第一中学　◆作者:杨天怡　◆指导老师:孙凯

　　我好像掉进了一个被人精心编织的梦中,在梦中,世界上评判道德的标准不再是是非对错,肉体与灵魂不再契合而是奇妙地分离,一切的不合理带上诡异的主观解释变得合理,天地间不存在神灵与人类,只有轻与重的摆锤永恒地运动着,仿佛自世界存在起便是这样。欢迎来到米兰·昆德拉的精神世界。

　　这本书对我来说无疑是一个全新的世界,他的叙述视角就如同他的世界观一样,令人惊奇的同时,又令人惊叹。他像是一台监视器,在监视着书中人物的生活,像空气一样渗入人物的毛孔,分析他们的行为,解剖他们的心理,阐释他们的动机。这样客观的描写,总是会让我在投入到现实生活中时,尝试着让自己的意识脱离肉体,像作者一样悬浮在空气中,给自己的生活加上旁白和注释,不过片刻后意识便会飞回肉体,继续进行着下意识的学习与工作,直到再一次走进昆德拉的世界。

　　昆德拉曾在书中这样写道:"作者要想让读者相信他笔下的人物确实存在,无疑是愚蠢的。"因此,他从未想要创造出一个理想的人,而是像对待朋友一样对待他的人物,也因此尊重他们的一切荒谬和与众不同,可我却从中感到一股更强的力量。没错,这本书给我带来最大冲击的,就是一种铺天盖地袭来的力量感。它谈到强与弱的关系,轻与重的问题,弱者面对强者时的不安、矛盾、纠结,既可以变成逃离,又可以是坚决的反抗。逃离的弱者最终发现弱才是他面对强者最锋利的武器,而反抗的弱者最终发现,放弃有意义的事物或许才是最大的意义。我一直不懂为什么不能承受的是生命之轻而非重,后来我明白了,因为轻代表赤裸,代表

原始,代表遵从本性却违背社会,代表承认丑陋也拒绝媚俗,也代表着难以被理解和正视。所谓重,就好像社会加在人身上的砝码,可以麻木地接受,以至于感受不到压迫。轻,是对灵魂的探索,正是因为发现自己的颤抖,才更加难以抵抗整个世界的压迫。作者写道:"背叛,就是摆脱原位,投向未知。"在他的叙述中,背叛应该就是生命之轻的表现。因为它打破常规,撕开平静的湖面,搅动湖水,才得以在这时看清人性的真相。

"人只能活一回,我们无法验证决定的对错,而媚俗是存在与遗忘之间的中转站。"对于存在和遗忘,我认为书中对于苏联时期的描写最有代表性。作者将二战的背景融进一整本小说中,用黑色幽默的口吻,写俄国人的侵略,苏联的专制,党派间的政治压迫,也写淳朴的民风,热情四射的游行,田园式的牧歌。这些是历史,是不可否认的存在,作者对其进行客观真实的记录,并没有大张旗鼓、浓墨重彩地渲染。于是,一种淡淡的遗忘色彩也就弥漫在小说的背景中,曾是上世纪波希米亚某个小镇镇长的印记、如今成为萨比娜父亲的纪念物的一顶圆礼帽,后来还被她扔下,特蕾莎在想给牛起名字时才想起,原来三十年前牛还不在合作工厂中时,每一头牛都有自己的名字……就是这样淡淡的、不露痕迹的描写,让读者感受到原来的东西是怎样在一点一点被抹去,新的世界是怎样在一点一点挤进我们的生活,改变着我们……

一言蔽之,《不能承受的生命之轻》是一个大熔炉,里面有太多的思想和观念,不能全盘肯定,有不少学习和参考的价值。于我而言,这是一个新世界的大门,是一次精彩的精神旅行。

读完,再拿起这本书,书轻,却备感其重。

 **点石成金**

读米兰·昆德拉是一件幸福又痛苦的事。对我们普通读者来说,《不能承受的生命之轻》既虚幻又真实。一切都匪夷所思,一切又都可以在生活中找到原点。生命的轻与重,是彼此的对立面,却也同时是彼此的同步异形映像。"精神世界""客观",本文作者非常准确地用这一组在某个角度存在着尖锐冲突的词语来评价作品,可见读而有得。

我逝去的

——读《挪威的森林》有感

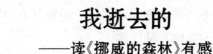

◆学校:海盐高级中学　◆作者:孙健壹　◆指导老师:顾群会

　　优秀的文艺作品离不开两个要义,那便是坦率与真挚。

　　诚然,坦率是一件极其困难的事,甚至越想要坦率地倾诉,坦率的言语却越是遁入无边漆黑的夜空中不见行踪。写文章就是这样一件极痛苦的事情。若有人让我描述《挪威的森林》这部作品,那我便会这样回答。

　　比如说,我曾经常常想就一个女孩写些文字,可又往往无疾而终。其实我明白,只要能写出第一行字来,随后的话语便会如地底下的泉水一般自然地喷涌而出。可是写不出。我咬文嚼字,绞尽脑汁,但总觉得形容得不很贴切。于桌边枯坐半晌,最终还是没有写出一段有实际意义的词句来。可我又确确实实地想念了她42分钟。

　　《挪威的森林》就是这样一部作品,笨拙、苦痛、挣扎,又怀抱着极真挚的热烈与悲伤。

　　村上春树曾说过,自己本"不想写一部日本式样的小说"。所以整篇小说都是村上先用英文写一遍再译作日文的,"那些文字,黏腻又纠缠不清,可能是日本人至今还在延续着的、他们自己都未曾察觉的软弱传统所造成的"。村上说:"我不喜欢这样的情感,我也一直厌恶这样的根源性,可一写起字来又有所不同……大概那就是如此纠缠不清的东西。"

　　　　生并非死的对立面,而是作为生的一部分永存。

　　　　　　　　　　　　　　　　——村上春树《挪威的森林》

脱开情感来说,在一个阶段里,我长久地以为死亡是严肃的,像加缪在《西西弗神话》的开篇所言:"真正严肃的哲学问题只有一个,那就是自杀。"不同于加缪的冷漠却关怀,简洁却震撼,《挪威的森林》全书都笼罩着死亡的阴霾,但却很释怀。一如其扉页上写的:"献给许许多多的祭日。"不管是渡边挚友木月的死,还是直子的自杀,其中的逝去,大多突兀又淡然。

比如说,一架由休斯敦飞往洛杉矶的飞机即将失事,其上载有四百多人。这四百多人中,有石油大亨,有作家,有歌星,有将前往加利福尼亚州推销保险的普通职员。飞机上的人各不相同:或贫穷,或富有,或疾病,或健康;有不同的性别、种族、身高、体重,不同的阶层,不同的希冀或苦闷。世上的人大多有着不同的希望,其生而为人的目的也多有不同,可当死亡来临前,当每个人都在座位上汗流浃背地构想遗书时,我想,这大抵是人类最平等的时刻了。

死亡便是这样的事,过程各式模样,甚至大不相同,唯有终点确凿无疑。

分别的、逝去的,太多了。有些是死了,有些郑重告别了,有些则是无言的别离。塑料般廉价、易碎的,总是我们的现实,坚固、恒久又珍贵的,却只是听说。

我漫步在校园里,有时轻轻地抚摸教学楼边大树的枝干,粗糙、冷硬的质感从手指再迷走到神经。看着嫩绿的枝丫比高,也看着纷黄的枯叶下落,才觉时间过得快:它总流逝得快又令人不知不觉。"你还好吗,我很好!"我开口说,声音沉没在空气里,没有一点回音。为何最后总是徒留我一人背负离别的苦闷而活呢?被十一月的冷雨涂抹漆黑的夜空依旧无言低垂,后面的这句话,我再也没说出口。

后来,我想我大抵有些释然了,长久地不再说话。

可一想到这里,我更悲哀得无以复加。

　　一切事物都终将随风一去杳然,任谁都无法将其捕获。我们便是这样活着。

——村上春树《且听风吟》

披头士在1965发布了他们的第六张专辑《橡胶灵魂》(Rubber Soul),里面包含了一支名为《挪威的森林》(Norwegian Wood)的单曲,全曲长2分4秒,在这篇文章删删改改最后成文的这个过程里,据听歌软件的不完全统计,我反复听了这首歌211遍,26164秒,7小时16分钟。我可能还是太年轻了些,我不知道我最后能否像约翰·列侬那样坦率地唱出"The bird has flown"（候鸟已飞离了），也不知道我自哪里来又将去向何方。那时的列侬也很年轻，还没认识小野洋子，大概也想不到四个人会草草解散，想不到自己会被枪杀在一个漆黑的凌晨。

可我想，不论结局如何，他大抵是早已经明了了：失去的也好，死去的也罢，逝去，本就是同风攀上枝头一般自然的经历。

> 我要纵身跳入时代的奔走，我要纵身跳入时代的年轮：苦痛，欢乐，失败，成功，我都不问，男儿的事业原本要昼夜不停。
>
> ——歌德《浮士德》

所以归根到底，即便我们生活在这样一个世界，即便是这样一个时代，我还是想要高昂起头，我还是想要真挚地活。我还是想要活得粗糙、张扬，生机勃勃。我透过五楼教室边上不算大的方窗俯瞰这个钢筋水泥筑成的城市，也回到生命诞生的土地之上，亲自拥泥土和沙尘入怀。我努力看清我走来的路，也用力在前途迈下坚实的脚步。虽步履维艰，却也片刻不停。我所经历的、感受的、能紧握的、能拥抱的、能亲吻的，这些我所真挚热爱的一切，都是我对生活卑微的勇气，使我所能咏叹的、奋不顾身的，不正是我生命的赞歌？

是的，这些曾一腔热血怀抱着的一切，都终将逝去，但正因如此，我们才更应该用力地活着。

> 谨以这篇杂乱的、散漫的文字纪念一些离去的人，以及我印象里漆黑夜空中不灭的群星。
>
> 也感谢老师，感谢村上，感谢披头士，感谢一个没有留下名字的女孩，谢谢你们能让我以真挚的情感再拾起笔杆。

 点石成金

用加缪和披头士来解读村上春树的，也许还有其他人。但是，在加缪和披头士之外，更用失事的飞机、校园的大树和十一月的冷雨来表达阅读《挪威的森林》

后感受的,大约就只有本文的作者。自杀、死亡,不,其实作品要讨论的是活着,作者读到了这一点。并且,在作者用笨拙、苦痛、挣扎、真挚、热烈来评价村上春树的时候,我们还可以看到正是有这样的一个作者在本文的背后,她写作、阅读、思考。

冰川上的迷失
——读《鱼没有脚》有感

◆学校：嘉兴市第一中学　◆作者：崔穆其

"所以那才是冰岛：除了大自然的珍珠、平静的天气、蔚蓝的天空和温驯的马匹之外，什么都没有。"斯特凡松在《鱼没有脚》中如是写道。

不同于斯特凡松之前的"冰岛三部曲"，《鱼没有脚》并没有咖啡和方糖般爱和拯救的过多要素；相反，全书流淌着一种在生活的荒原里流浪至死的迷失感。

在读这本书之前，我曾好奇冰岛这样一个荒芜与寂寥的世界会孕育出什么样的文字。她人口的稀少，地理位置和自然现象的特殊，使她在生活在温暖如春环境中的人们眼里沾染上了抑郁中裹着浪漫与融化的白色苦橙糖球十分相似的色彩。斯特凡松的作品有着典型的冰岛特征：干净、清冷、深邃的文字，以及历史影响下的悲剧宿命论底色。

"踏遍整个冰岛，只有这里的居民最接近死亡。"凯夫拉维克是冰岛的一座城市，它是《鱼没有脚》这个故事的起点。阿里祖父临终前的一个电话像一个无言的喟叹，带领读者走入故事的两条主线。而伴随着阿里的故事、阿里祖父母的记忆展开的，还有对于当地历史的回溯，引着读者去体味留存在冰冷历史中的那种迷失感。

凯夫拉维克曾有着繁荣的渔业，但随着工业化进程的推进和美国马歇尔计划对欧洲的实施，作为北欧国家的城市之一，它也不可避免地受到了巨大的影响。美军基地庞大的飞机库、劲爆的流行歌曲和失控的通货膨胀，一切都改变了冰岛人的生活，昔日人来人往的港口也变得空空荡荡，无人问津。

而这只是《鱼没有脚》所反映的矛盾的一个点。从阿里的叙述中，我看到没有

限制的捕鱼额度与新的社会阶层海洋大亨之间的矛盾,浪漫爱情故事与平凡生活缺少面包之间的矛盾,以及在历史的发展中无法跳脱出的男女的历史对立。人们迷失在无数个矛盾之中,如无法跳脱出设计好的程序框架般,一代又一代重现悲剧之后茫然无措,然后再次迷失。在这里,似乎只有迷失才是正确的存活方式,思考是应该被摒弃的东西。习惯思考的玛格丽特陷入了歇斯底里,被束缚的奥洛卡选择用酒精麻痹自己,热爱思考的阿里逃离了冰岛,一切都说明——在冰岛不需要思考,迷失才是一种现实。

在一个迷失的大环境下,书中将眼泪描述为一种积极的事物。"那些从未在生活中感受过疼痛和情绪的人,都是冷酷无情的,他们从未真正活过——所以你必须因为眼泪而心存感激。"正如西格伦带着眼泪生活一样,一次意外让她失去了追寻自己所爱之人的资格,使她后悔一生,但眼泪让她清醒,让她看清世间的残酷,抑或生命的样子,让她不至于同其他人一样迷失在无穷的生活里。"固然,这是一种痛苦,但同样的,跳出时代的框架,以一种纵观全局的姿态来看的话,她重新获得了思考的能力,这又是难得的幸福。""幸福会是运气吗,会像中彩票一样吗? 或是反过来问,幸福只会临幸那些为它卖命的人吗,以他们的勤奋和看待世界的方式? 生命,玛格丽特在日记中这样写道,不过是一只麻木的野兽,假如幸福等同于运气的话。"

同一片群山和海洋,荣耀变成只余利润而非心跳的生命。随着时代的变迁,人们逐渐迷失在无法抵御的现实洪流中,失去了思考的需求和能力。破碎而深邃的故事中反映出的,不只是一重重的矛盾,更有对生命和死亡的思考。"鱼没有办法长出脚,正如你没有办法理解我。"这种思考是悲剧性的,是如西格伦那样在无穷的痛苦中反复回味咀嚼而产生的哲学道理,是带有宗教色彩的。我们既应在一触即逝的生活中保持理智,保持思考,保持一份恒心,让自己不致迷失,又理当珍惜自己生命中的每一天,珍惜每一段在痛苦而麻木的生活里不甘挣扎的时光。这也是《鱼没有脚》希望表达的一点,它希望我们能够以自己希望的姿态活着而不致迷失,以一种着色的方式去思考和体悟。在斯特凡松另一部作品中,他提道:"人类生活就是一场与世间的黑暗、背叛、残酷、怯懦永恒的比赛。这比赛经常显得如此无望,可我们仍然在跑。"这或许是这位冰岛作家在冷酷的冰雪世界中留给读者的希望之一。

既然生活注定无法摆脱愁绪、没完没了的困境和烦闷不堪的夜晚,那不妨将生命演绎成一场穿透黑暗的白色飞行,或许你会从中获得不一样的体悟。

点石成金

　　从繁华到荒芜带来了迷失，时间每一分每一秒的向前似乎都困在一个黑暗沉沦的世界。《鱼没有脚》讲述的是一个沉重的故事。"鱼没有办法长出脚，正如你没有办法理解我。"但本文作者显然理解了作者对迷失大环境中人类生存状态的思考，读懂了眼泪的价值与意义，读懂了对幸福的追求与对生命存在意义的思考，即便是在冰川之上，依然有暖人的温度。

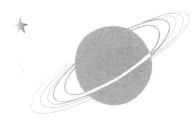

这不仅仅是泼辣

——《骆驼祥子》读后感

◆学校:浙江省嘉善中学　◆作者:沈兴玉　◆指导老师:胡立琴

初读《骆驼祥子》,感叹祥子悲惨的一生,三起三落,被黑暗的封建社会所吞噬,不由得对书中造成祥子悲剧的"刽子手"感到怨恨,最咬牙切齿的,便是以泼辣著称的虎妞。

她泼辣无礼、工于心计。她对祥子下药,后来又阻碍祥子和小福子暗生情愫。她无疑是个恶人,是造成祥子悲剧的间接凶手。

但……可恨之人必有可怜之处。再读《骆驼祥子》,我却读懂了她的悲。

虎妞出生在一个富裕的家庭,吃穿用度丝毫不差。可物质生活上的富足并不能弥补精神上的贫瘠。因为她是女子,所以不能读书识字;因为她是女子,所以不能继承家业。她的未来好似只有出阁、嫁人、生子这一条路可走。但这条路枯燥无趣且束缚。于是她为自己争一把,学男子经商,将刘四爷的车厂打理得井井有条。她要强,所以成了老姑娘;她泼辣,所以镇得住车夫;她能干,所以管得了事情。可无论手段如何高明,处理事情如何妥当,这偌大的家业还是落不到她的头上。

只因为是女子,所以她被条条框框束缚着。同样的品质,在男子身上是聪明机智,到她身上是精明算计。别人称赞男子英明神武好管事,到她身上便是泼辣狠心毒妇人。因为她是女子,所以车夫们可以评判她的长相丑陋、泼辣狠毒。只是因为她身为女子且时常打破常规。确实,她不貌美如花,也不贤良淑德,并不符合世人对好女子的评价。可我不由得扪心自问:这样的标准真的是正确的吗?仔细从字里行间去看,去看车夫所批判的源头,无非是"妒忌"二字罢了。妒忌虎妞的出身、才干、能力和地位。人很可怕的一个点，是人会眼红，会在心中站在道德的制高点上去批判他人，特别是异性之间。你能干但不美丽，所以是母夜叉；你美丽但不能干，所以是花瓶。但你若二者兼有，那他们又会对你的家庭生活和人生经历进行抨击。人不可能十全十美，所以你只能站在谷底，听着谩骂却做不出反抗。我想，身处在那个黑暗腐坏社会的虎妞，她从不甘、愤怒到无奈、麻木的过程应该是很难熬的。

正是这些东西击打着虎妞，她才会变成我们在书中所看见的她。

可是啊，虎妞的泼辣，终究也是蹉跎了岁月，耽误了青春。

犹记得，虎妞对镜梳妆出嫁那一幕。我在想，当她穿戴整齐时，她端坐铜镜前看见了什么呢？她是否能从浓妆艳抹的眉眼里找到当初那个不谙世事懵懂开朗的少女呢？想必她也会感慨年华易逝吧。

可惜，虎妞并不知道，嫁人只是从一个四合院到另一个四合院，她所能窥见的，还是那灰蒙蒙的四角天空。

还记得祥子发现虎妞非处女时铁青的脸色。我并不似祥子那般恼怒，我只想了解虎妞的过去究竟是怎样可悲的境遇。我不由得联想到了《德伯家的苔丝》，相爱的男女主角在婚前坦白过往，苔丝原谅了年少轻狂、浪子回头的未婚夫安吉尔，可未婚夫安吉尔不能谅解甚至不同情身为受害者的苔丝。不知为何，这世道，无论中外都对女子一般苛刻。

虎妞也曾善良过，她给小福子米面，对其多次接济。可当她看到丈夫祥子和小福子暗含情愫的对视时，她的机敏让她明白了一切，与此同时，她心中的善被彻彻底底地同化为恶了。

她终是孤零零地来，又孤零零地去了，和腹中的胎儿一起离开，也许是她最好的结局。

她结束了泼辣又荒唐的一生，回看她的一生，好似一直都在和封建对抗，却又在最后死于反抗。她在可恨之余，无疑是可怜、可悲、可叹的。她就像是带刺的野玫瑰，在自己有限的一生里，开出了一朵不为世人称道的、不香也不美的花，她的刺扎伤了很多人，她的花被人嫌弃、遭人嫉妒、引人憎恶。可她仍在阴暗的地方，依靠着自己开花了，即使零落，起码存在过。

她这不仅仅是泼辣，她所有的为人厌弃的品质，都是她为自我生存而铸造的铜墙铁壁！

点石成金

　　一个人造成了另一个人的悲剧，但悲哀的不仅于此，更在于她本身也是一个悲剧，并且，他们共同成了时代悲剧的一部分。这是《骆驼祥子》中虎妞与祥子之间的关系，本文作者通过虎妞的泼辣读到了这一点。当然，本文的亮点还在于作者没有把所有的悲剧简单归因于"时代"二字，而是从虎妞作为女性这个独特的视角出发，深入分析了虎妞何以不只是泼辣的虎妞，读到了一个完整丰富的虎妞形象。

品茶色人生

——读《我与地坛》有感

◆学校:平湖市当湖高级中学　◆作者:吴宇轩　◆指导老师:毛其华

　　该怎样去形容你呢？我那素未谋面的朋友。是如黄巢般"待到秋来九月八，我花开后百花杀"的潇洒自信，是像辛弃疾般"老子当年，饱经惯、花期酒约"的恣意自由，是同李白般"兴酣落笔摇五岳，诗成笑傲凌沧洲"的才华横溢，还是似朱敦儒般"诗万首，酒千觞，几曾着眼看侯王"的洒脱孤傲。我想哪一个都不能形容你，纵然同样有困苦经历，但他们的狂放豪迈却与你恬静温柔、闲适从容的人生态度格格不入。你那柔软细腻又不失刚劲的笔触，如同一汪清泉，散发着淡淡的清香，所以比起高山，我想一碗馥郁飘香的茶更适合你。

　　刚入滚水的茶香味便在顷刻间迸发，水汽氤氲，飘香四溢。温暖和诗意逐渐从品茶者的心底蔓延，雾气萦绕在鼻息间，描摹耳郭、抚平眉宇，油然而生的安全感就像你记忆与印象中的童年："想起清晨、晌午和傍晚变幻的阳光，想起一方蓝天，一个安静的小院，一团扑面而来的柔和的风，风中仿佛从来就有母亲和奶奶轻声的呼唤。"平稳、安详、幸福、快乐等美好的词语都无法描绘你那被爱包围的童年。没人会在童年的时候预知未来的路崎岖与否，你的昔日美好最终成了蒙蔽你双眼的假象与精神伤害的利器，因为追求美是人类的本性。所以当过去的美好湮没在时间的长河中时你又说："如果你站在童年的位置瞻望未来，你会说你前途未卜，你会说你前途无量，但要是你站在终点看你生命的轨迹，你看到的只有一条路，你就只能看到一条命定之路。""不知道命运是什么，才知道什么是命运。"我想每个人的一生中波折和不公都是必然面对的阻碍，但上帝仿佛又向所有人网开了一面，他让每个人的童年都是平等的——平等的无知。无知穷与富，无知悲与喜，

无知失与得。无知并没有什么不好,无知让人纯净。无知的童年必将成为成长的慰藉和痛苦的缓冲剂。所以就像这茶一样,富有茶香的氤氲令人陶醉,即使知道入口后必定带来苦涩,可品茶者依然会在某一个特定的时间泡上一碗茶。对于无知而短暂的童年,我们向来要的不是结果,而是可以慰藉将来的过程。

　　一碗可以入口的茶需要经过刮沫、搓茶、摇香、入海等工序。滚烫的茶水淌过指尖的痛感,烦琐的工序渐渐消磨的耐心,杯具碰撞而发生的打破恬静美好的嘈杂声,这些仿佛就是你成长的写照。你在二十岁的时候遭受了重创,失去了双腿,面对突如其来的打击和无法挽回的无助,你产生了对生与死的困惑,于是对着地坛感叹道:"它等待我出生,然后又等待我活到最狂妄的年龄上忽地残废了双腿……记不清都是在它的哪些角落里了,我一连几小时专心致志地想关于死的事,也以同样的耐心和方式想过我为什么要出生。"初始的肉体上的痛苦与无法接受使你苦闷不堪,以消极的态度来度日,但当母亲的死将你彻底唤醒后,却发现心灵上的遗憾和空虚比肉体来得更加猛烈和深刻,于是地坛又听到你的叹息:"母亲生前没给我留下什么隽永的哲言,或要我恪守的教诲,只是在她去世之后,她艰难的命运、坚忍的意志和毫不张扬的爱,随光阴流转,在我的印象中愈加鲜明深刻。……多年来我头一次意识到,这园中不单是处处都有过我的车辙,有过我的车辙的地方也都有过母亲的脚印。""人有悲欢离合,月有阴晴圆缺。"可你的月亮从未圆过,成长丢下了你的双腿、你的童年、你的母亲和她的合欢树。纵使合欢树依然存留着回忆,但在其开花时,却无法再与母亲一起共赏,那欢乐终将假手于人。人生中的那些悲欢离合,仿佛只有悲离落在了你身上,可你依旧写下"合欢"二字,这或许是一种心理暗示,是你对自己的救赎。最终当一切混沌变得清晰,当压抑的黑暗变成光明,当母亲从遗憾变成了责任时,仿若新生,仿若破土,此后便要借着母亲的爱和光辉,在人生道路上披荆斩棘,破出一条开在那棵合欢树上的独属于你和她的康庄大道。

　　那劫后的欢愉,轻舟已过万重山般的坦荡,有如细呷一口茶水,被冲撞的苦涩禁锢时,似"柳暗花明又一村"地从鼻腔间渐渐弥漫的茶的清香,从舌尖向后延伸的丝丝清甜一样荡气回肠。

　　当细细品味完一碗好茶后,恬静和闲适不免成为碗底残存的渣滓。我留恋你的甜美,不忍将你舍弃,但一遍又一遍的冲刷或许更是对你的折磨和不公。那甜美最终都将会逝去。我想虽然你已不在,但我的想念还在,你的清香还在,你给予的惬意还在,你的那句"但是太阳,它每时每刻都是夕阳也都是旭日"也会一直在。

点石成金

  《我与地坛》虽是史铁生因独特个体遭遇而有的人生思考，却充满了生活的智慧。这一种智慧，几乎适用于每一个人。这一种智慧，教人珍惜，教人坚忍，教人平和。本文作者读到了这些，并且非常独特地借着品茶的体验来写阅读感受，茶的丰富滋味与作品的厚重哲理之间构成了巧妙的联结，《我与地坛》也就成了一部越读越值得读的作品。

踏遍万水千山，曾为人间惊鸿

——读《苏东坡传》有感

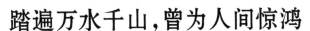

◆学校:浙江省平湖中学　◆作者:周莹　◆指导老师:陆伶俐

　　那年,苏轼泛舟赤壁,神交古人,感叹"人生如梦,一尊还酹江月";那年他竹杖芒鞋,穿林踏叶,吟唱"归去,也无风雨也无晴";他也曾醉酒夜归,临水听江,畅想"小舟从此逝,江海寄余生"……

　　苏轼的诗文之所以传颂千年,与其中本性的流露密不可分。他的创作皆是有感而发,顺乎天性,字字自真纯的心肺间流出。由其诗文,可以得见其独特的性格与跌宕起伏的人生。

　　"他一直卷在政治漩涡之中,但是他却光风霁月,高高超越于苟苟营营的政治勾当之上。他不伎不求,随时随地吟诗作赋,批评臧否,纯然表达心之所感,至于会招致何等后果,与自己有何利害,则一概置之度外了。"苏轼自称生性急躁,若有不顺心之事,往往不吐不快。因此,政治上的钩心斗角、老谋深算,与他的个性是格格不入的。

　　苏轼入仕之初,上书直言新法的弊端,在新党的排挤下自请外调。"乌台诗案"更是让他因直言不讳吃尽了苦头。然而,当苏轼看到旧党拼命压制新党、尽废新法后,认为其与新党不过一丘之貉,对旧党执政后暴露出的腐败现象进行了抨击,苏轼至此是既不能容于新党,又不能见谅于旧党,因而再度遭到迫害,最终流落到蛮荒之地。

　　在一次又一次的贬谪中,苏轼乐观的天性愈发显现出来,成为人们眼中"豁达乐观"的代名词。也正是在一次次的贬谪中,使他感悟出"此心安处是吾乡"。

　　扁舟草履,放浪山水间,苏轼心怀也愈发宽广。他不再是盛名加身、满身锐气的少年郎,也不再是整日担惊受怕的阶下囚,当他撤去了光环,便再没有什么能伤到他。

"问汝平生功业,黄州惠州儋州。"黄州见证了"东坡居士"的诞生,惠州儋州之行,则是一场冠绝平生的逆旅。苦难如一把刻刀,雕琢出一个参悟了"人间有味是清欢"的灵魂,一个完整的、备受后世仰慕的苏东坡。

苏轼的一生千波万折,道尽悲欢离合,尝遍浮生百味。

喜忧参半才是人生的常态。苏轼笔下流淌着潇洒、豁达与喜悦,也有悲愤、遗憾与伤感。他的文字所展现的,是一个文学巨匠、一个名满朝野的天才同时也是普通小吏的人生。这样的人生,度过世间百载,经过历史千年,穿越风雨星云来到人们面前,映得万世通亮。

据《庚溪诗话》记载,宋神宗曾说"白有轼之才,无轼之学",他认为苏轼与李白,论文采,二人势均力敌,论才学,苏轼更胜一筹。

李白和苏轼,一个出生于繁华昌盛的唐朝,遍览河山,一个身处积贫积弱的北宋,没身官场。

李白,好似天上的神仙,不食人间烟火,到尘世走一遭也只是过客,眺望天上的明月,他脱口而出:"今人不见古时月,今月曾经照古人。古人今人若流水,共看明月皆如此。"

寥寥几句诗,道出时间的漫长与人类生命的短暂,却是洒脱肆意的口吻。

没有人怀疑,他仿佛真的从天上来,最终也要回到天上去,再度做回那逍遥快活的神仙。

苏轼的一生,却截然不同。若说李白是"诗仙",苏轼则是真真正正的"诗人"。他是人,生于人间,长于人间,头顶是一望无际的天穹,脚下是孕育万物的大地,自始至终被牢牢束缚。

他是人,阅尽生老病死,饱尝喜怒哀乐,他看得见月的阴晴圆缺,也知晓人的悲欢离合,皎洁的月光如此美丽,却终究太过遥远,只能寄托他万千的思绪,道一句:"但愿人长久,千里共婵娟。"

他们若是有机会相遇,会是什么样的呢?

他们会不会有机会坐在同一棵树下,共饮一壶酒,在清风中,明月下,再吟诗一首?

正如林语堂先生所说:"在读《苏东坡传》时,我们一直在追随观察一个具有伟大思想、伟大心灵的伟人生活,这种思想与心灵,不过在这个人间世上偶然呈形,

昙花一现而已。苏东坡已死,他的名字只是一个记忆。但是他留给我们的,是他那心灵的喜悦,是他那思想的快乐,这才是万古不朽的。"

有些人早已故去,但他的名字会化作一个鲜活的符号,一声响亮的长笑,永远铿锵回荡在诗文之间,震醒白纸黑字背后的活力与生机。后世一代代的人们,只要提起他的名字,嘴角便不禁扬起笑容。

转眼,这世间又过百年,星辰流转,换了人间。

原来那阵自由的清风仍在大地上徐徐地吹,从未停过。

 **点石成金**

"吾上可陪玉皇大帝,下可陪卑田院乞儿。眼前见天下无一个不好人。"这样的苏东坡,纵观古今中外,恐怕也无一个不爱他的吧。关于苏东坡的传记有很多,每一位传记作者都呈现给我们一个不尽相同但又令人不得不爱的苏东坡。在我们今天看来,东坡一生所经历的诸多磨难,似乎都是为了成就他,成就一个如同"自由的清风"一般的他,本文作者显然通过阅读懂得了这一点。

那黯淡岁月中的点点星火

——读《觉醒年代》有感

◆学校:海宁市第二高级中学　◆作者:沈安怡　◆指导老师:王丽琴

你看,那阳光,耀眼。

我乘兴,拿起泛着光的《觉醒年代》,这已是我的第三遍阅读。百年前在这书中似乎与现在交结,而我仍感动涕零。

那是一个充满战乱和政治动荡的年代,是一个国家面临着三千年未有之大变局的年代,是一个看上去暗无天日的年代。但正是在这样的一个年代,黑暗中燃起了点点星火。

戊戌变法和辛亥革命的接连失败,让当时的先进知识分子认识到仅仅改变制度无法救中国于水火。他们苦思冥想,决定从精神上唤醒尚在沉睡中的中国国民,正如李大钊先生所说:"必须唤起民众觉悟,推翻封建思想,振兴民族精神。"新文化运动、五四运动兴起,中国共产党早期组织成立,好似春雷,在这片古老的土地上爆发出响声,震耳欲聋。

新生,正在萌发。

信仰亘古不变,书中的一切都是那么的清晰。我仿佛可以看见陈独秀先生刚出版《青年杂志》时兴奋的样子,可以感受到鲁迅先生写下《狂人日记》时痛苦但又坚定的内心,可以听到李大钊奔赴刑场时令人窒息的脚镣的叮当响。他们像飞蛾扑火一般义无反顾地拯救着中国,让中国焕发出新的生机。

他们是时代的铸造者。在这个曾经满目疮痍的国家,天空是那么黑暗,每一处都布满泥泞,连路都没有,他们却根本不畏惧,只管大步向前,给人们走出一条路来,成为那点点星火。陈独秀和李大钊看到灾民流离失所,百姓困苦不堪,他们

相约建党,并庄严宣誓:为了让人们不再流离失所,为了让中国的老百姓过上富裕幸福的生活,为了让穷人不再受欺负,人人都能当家作主,为了人人都受教育,少有所教,老有所依,为了中华民富国强,为了民族再造复兴,我愿意奋斗终生!

先辈们精神的热烈,滚烫着我的心。

觉醒年代,信仰在觉醒,年代在觉醒。

摸着石头过河,何其艰辛。但好在点点星火终汇成火炬,点亮了黯淡的天空。一百年后的今天,河清海晏。在中国共产党的带领下,中华换新颜:国家富强,人民幸福,社会安定。先辈们踏出的那一条条小路,如今没有了泥泞,变成了康庄大道,他们那不畏生死、艰苦卓绝的精神似是化作了路上的一盏盏明灯,指引着一代又一代的中国人继续前行。"沉舟侧畔千帆过,病树前头万木春。"先辈们的精神在新时代焕发出了新的生机,一种全新的自由和热烈像朝阳一般喷薄而出。

今天,我们也必须要想到:动乱时代虽已远去,但当今的世界仍不太平,单边主义和霸权主义横行,局部动乱也时有发生,这就警示着我们要义无反顾地继续坚持先辈们那股热烈的、为国家利益赴汤蹈火在所不辞的精神,从而做到更加从容地应对国内外的各种艰难险阻,宣扬大国国威,用我们的行动书写出中国交给时代的一份精彩答卷。

时代的齿轮不停地转动,一百年间,沧海桑田,但《觉醒年代》中的革命精神和斗争精神却历久弥新,它们化为一股热烈的力量,注入每一个中国人的血脉。当美国对华为实行芯片技术封锁时,华为淡然自若地启用早已准备好的鸿蒙系统,打美国一个措手不及,骄傲地向全世界宣扬着中国技术创新的进步之快。近期,华为还发布了 Mate 60 系列手机,更是让世人都见识到了中国技术发展的日新月异。华为的成功,正是那股热烈精神被承袭的最好证明。

先辈们的精神给了我们无数人动力去实现中华民族伟大复兴,也成功地让中国在激烈的世界竞争中脱颖而出。此刻,我想,这种精神似乎已经变成了刻在每一个中国人心底的红色信仰,并且延续,再延续。

时间行走,信仰永存。

今天的中国凭借着先辈们坚定的信仰走出阴霾,我们这一辈延续着信仰,让中国在时代的洪流中成为世界东方屹立不倒的巨人。

向前走,冲破阴霾,星光汇聚。

你看,太阳出来了,那阳光,耀眼。

点石成金

宏大的叙事与我们的生活并不遥远,这也是本文作者乐于反复阅读《觉醒年代》的原因。是艰苦卓绝,是义无反顾,是以天下为己任,共同构成了那个伟大的觉醒时代,并且成了今天每一个中国人心底的红色信仰。本文作者读《觉醒时代》,读得有情怀有担当,读出了当今年轻人应有的认识。

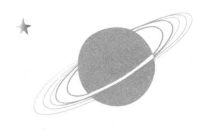

《瓦尔登湖》读后感

◆学校:桐乡市高级中学 ◆作者:钱泽同

起初看《瓦尔登湖》,是因为海子愿意将它作为同生共死的伴侣。这隐喻着一种超越人生与灵魂的启悟。如今回首,合上书页,体会到那种不虚美的真实,超出凡尘的哲思。

十九世纪的某一天,梭罗带上他特有的"财物"踏进瓦尔登湖周边的山林,人类的哲思也就此迈上了新的台阶。凡人去读他的文字,看到他漫步山间,自营生计,耕种建屋,再平庸的人都能感受到,他不寻常的意趣。我们粗看文字,感悟他在《经济学》中对财物存在的质问,对人经营一生所需的探讨,对如何拥有一个充实释然的人生的思索。心生向往,满怀热爱。诚然,那是追求更好生活质量的人性的驱动,所感至此,足矣。

不过我们不妨把目光放远些,注意到这十九世纪中叶的宏大历史背景,理应看到一幅资本主义商业迅猛发展、人们在纸醉金迷中堕落灵魂的图景。是的,随着人类历史的演进,人们心中对自然至真的渴求,对生命灵魂的朝圣,在渐渐褪去。狄更斯在更早时期的作品《双城记》中说过:"这是一个最好的时代,这是一个最坏的时代。""这是一个光明的季节,这是一个黑暗的季节。"如此,仿佛是在痛斥人们献出自己的人性去换取财富,正是在这样的社会历史背景下,梭罗才愿意前往瓦尔登湖密林,去寻找真正的生活方式,也是去寻找真正的人性。所以,梭罗的所行所言,早已不是简简单单的对自然的向往,而是与资本世界的抗争和对人性的追求。

瓦尔登湖就像是一处世外桃源,一处难觅的净土,一汪在资本的死水中涌出的清泉。这里,林壑幽邃,不染纤尘,湖水空灵,澄澈见底,碧云蓝天,绵云飘荡。

徐迟说"字字闪光,语语惊人",梭罗就是这么轻快又超尘脱俗地将这里的风景和盘托出。接下来,他便以自己的生活方式为例,循循善诱地将你带进他的世界。梭罗的文字有一种入口即化的感觉。它是浅显易懂的,更是能令人钦佩的;它是纯真质朴的,更是能令人叹服信服的。其实,不管是过去还是眼下,他的观念、他的理论都能适用。为了批驳人们不应执着于财物,他举例说,农民占用房屋不过是被房屋占有,实质上是丧失了自己的自由,倒不如像他那样淡然对待钱财屋舍,独居山林。我们的生活又何尝不是这样? 在新时代的中国,太多拜金逐利的年轻人渴求占有财物,他们自以为占有的东西,其实在客观上乃是他物在占有自身的自由。如此之例还有很多,不胜枚举,梭罗的逻辑与价值观便是这样,仿佛一道清泉淌过心间。我们在为他深刻的思想而敬畏赞叹时,也学到了很多,感触了很多。

梭罗穷尽短暂的一生,指引着我们不要被喧嚣的尘世所迷惑,走向宁静质朴的明天。纵然我们不能去瓦尔登湖亲历他的体验,只要我们心怀那泓清澈的湖水去洗涤心灵,我们仍能如他超然于爱恨,释然于金钱名利,探寻人心深处的真理。

 点石成金

文章逻辑清晰,开始时介绍了作者对《瓦尔登湖》的初识感受,然后通过历史背景的引入,深入探讨了梭罗的思想和价值观,最后总结了梭罗对人们的指引和启示。同时文章中引用了大量的事实和名言,不仅丰富了文章的内容,还为作者的论述提供了有力的支持。作者对梭罗的思想和人生哲学进行了深入的解读和评价,认为梭罗的思想是一种超越人生与灵魂的启悟,是一种超出凡尘的哲思,理解深刻而且独到,引人深思。

往日之莹

◆学校:海盐高级中学　◆作者:孔聆瑞　◆指导老师:顾群会

《最后的女权王朝》是江觉迟的封神之作,一幅有关女权王朝的壮阔画卷被赋予了时代意义后呈现于世人眼前。

这一次,江觉迟把目光投向了大山深处的一段断壁残垣——甘孜州的"十三角碉"遗址。与远山群黛、似锦繁花的周边春色迥异,"十三角碉"遗址庞大的身躯被苔藓掩埋,繁饰的纹样为时光蹉跎。但它固执地坚守于此,它即是守护王朝的最后一位战士。

千年以来的王朝故事中,男性统治者对于权力的运筹帷幄,对于爱情的冷静自持,对于亲情的冷淡如水,似乎成了刻板印象。然而,生理上的差异,情感上的不同,是否会影响女性统治者统治王国? 面对伺机而动的地方势力、嗷嗷待哺的崭新生命,凭借女性的理智和情感,又会如何应对?

本书借鹰的视野,首先展示一处偏安一隅却富丽堂皇的人间城池:"恢宏的宫殿、威严的庙宇、洁白的雪山、广阔的草原、美丽幽深的高山峡谷,日夜奔腾的女王河流……"鹰眼不可及处,还有深藏的金矿,危险的蛊毒,暗涌的斗争,叵测的人心,突如其来的桩桩战事,无法预测的王朝未来……

那究竟是什么导致了盛极一时的王朝走向无可挽回的衰颓?

相信大家对《西游记》中女儿国这一情节耳熟能详,抛却这方国土的美食美景美人,女性王国淳朴的风土人情、真挚的美好祝愿也令人耳目一新。玄奘西行青史留存,由是以推,在历经千年的中华古老文明中,女儿国作为遗世明珠,它真实存在。

纵观全史,便是狠厉如吕后、强势如武则天这样的女性统治者,在成为实至名归的女帝前,也曾长期作为依附男权的菟丝子。然而女国中的历代统治者,均由民众从族群中选出:姣好容貌,智慧头脑,铁血手腕,无双战力,她们身上承载着民众的殷殷期盼。

"这不是一段架空历史的天马行空,这是一段基于现实的文化复原。"书中的人物均有血有肉:有精明强干的经营者,深不可测的谋划者,骁勇善战的守卫者。一个人就背负了一个故事,承载着一份使命。

很喜欢书里一句饱含哲思的话:"文明的衰落挡不住历史的滚滚长河。然而,文化的传承、文明的保留,不应是孤零零地躺在遥远的深山中。"相信这也是江觉迟写作此书的初衷——用合理的方式去保护和留存即将消亡的母系文化。

回望这一漫长历史中的小小注脚:漫长冬夜降临,黑夜笼罩一切时,谁能够得偿所愿,谁依旧心甘情愿,谁开始追悔莫及,谁始终义无反顾,又有谁在黑暗成为常态时怀念从前那一束盛光? 一切的一切,都将在冬季头一场雪降临时变得澄清。斑驳石壁在雪日下泛着清凌凌的光,这抹光映射在满怀热诚的江觉迟眼底,自此,历史开了口……

谨以此书,致畅想历史的你。

 点石成金

文章对《最后的女权王朝》一书进行了深入且富有洞见的评述,从历史、文化、艺术等多个角度对这本书进行了剖析,展现了其深厚的文化底蕴和独特的审美视角。文章以一句富有哲理的话结束:"漫长冬夜降临,黑夜笼罩一切时,谁能够得偿所愿,谁依旧心甘情愿,谁开始追悔莫及,谁始终义无反顾,又有谁在黑暗成为常态时怀念从前那一束盛光?"不仅表达了对历史的思考,也体现了作者对人生和社会的深刻洞察和独到见解。

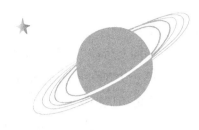

无限故事

——读《生活明朗 万物可爱》有感

◆学校:嘉兴市第一中学　◆作者:梅书琦

　　这是一本散文集,我读前就知道。的确是散文集,就像零落在地的生命碎片,晶莹晶莹的。

　　全书蕴藏着季老对生命和世事的感悟,囊括着季老丰富的见闻,如同一台留影机,将个人的信息与生平断断续续地播放。但既然这散文集已经道尽世间沧桑、人生百味和命途希望,我又还能多感悟出些什么呢?表达一下对那些令人"破防"的句段的认同吗?我不知道。

　　像是滴了散瞳的药水,视野逐渐模糊。色彩混乱,我看着书中抖落出的晶莹碎片,将白茫茫的光映射得愈加茫茫。瞳仁愈加放松愈加真实,而瞳仁里的世界愈加神秘愈加不真实起来,然后我发现,原来这书的劲儿要闷几天才发出来。渐渐记不清具体内容的时候,给它一点点宁静或至极的喧闹,它就啪哧一下燃烧起来了。

　　"在满园弥漫的沉静光芒中,一个人更容易看到时间,并看见自己的身影。"史铁生此话不假。我又想到我喜欢的阳光这一意象,并又"巧合"地"建造"出它与书名的关联——阳光带来明朗,可爱被阳光照亮。我喜欢并欣赏着自己强烈的主观色彩,在这种不评价也不倦怠的境况下。我深知这样的自我关注得益于文章所营造的氛围感,而我在氛围感里感受氛围。

　　"我真觉得大自然特别可爱,生命特别可爱,人类特别可爱,一切有生无生之物特别可爱,祖国特别可爱,宇宙万物无有不可爱者,欢喜充满了三千大千世界。"很长的一段话,被季老作为这本书的结语。而我对其态度在心情不同时有着很大差异,心情烦躁时视其为强灌鸡汤,心情美妙时感觉与其情投意合。

光线走得挺拔,拐出的弯也锋利,所以每当碎片将光反射到最亮,毋庸置疑,我正以最佳的角度面对着它,它也正以最广阔的光洁倒映着我。书中有《我的童年》《怀念母亲》《难忘的一家人》三篇文章,而我心中又何尝不也正编织着相同又不同的篇章。

《生活明朗 万物可爱》的内容琐碎而细腻,品味之时,它又如此空灵,以至于我如此浮想联翩。细细思量,这就是这部作品隐藏的空间感。它既容纳作者的情感,也不拘束读者的思绪。就是这份空间感,让流连文字的我一点一点自由地沉溺其中。文章中豁达的词句,徐徐传递出一种宽容与从容,宽容我们去从容地回忆和创造无限的故事。

所有人的脚程加快,在涟漪里走出一个个回环。我们偶尔做一回离心的水珠,此时我也许会想到"人间毕竟是温暖的,生活毕竟是'美丽的'"(《我的家》),也许会想到"那时荷花大概会在冰下冬眠,做着春天的梦"(《清塘荷韵》),也许会想到"这星光把我带到天上去,带到那片能抒发畅想曲的碧落中去"(《星光的海洋》)。

惯性会让我们原路返回——会再次把我们打回原形,收入囊中吗?哪一个更像我们自己,更接近我们的本来和未来?我常常想,作为一个青少年,我应该去绽放自己,还是服务大家?行走世上,许多靶子等待我们绷紧的箭矢去努力地命中,我又该如何慢慢细细品味生活的中途?看完本书之后,我倒对此问题不甚在意起来。纠结这个做什么呢?思绪时时转变,每刻有每刻的答案,唯一不变的是去做好自己的本分,唯二目标是自己开心与问心无愧。

"人生无常,无法抗御,但人间值得,未来可期。愿你始终保有一种兴致,感受生活明朗,万物可爱。"

月光将布窗帘一遍遍描摹出纹路,我置身于庭院,看向日葵的盛放,写自己无限的故事。谢谢,我也希望我能始终保有这一种兴致,去感受生活明朗,万物可爱。

 点石成金

文章深入探讨了书中的主题,包括生命、自然、人类、爱等。特别强调了书中

的一些金句,这些句子展示了书中的情感和思想的高度凝练。本文文字优美,语言流畅,如"将白茫茫的光映射得愈加茫茫""瞳仁愈加放松愈加真实"等,这些句子展示了作者深厚的文字功底和细腻的感受力。

虽千万人吾往矣

——读《觉醒年代》有感

◆学校:浙江省海宁中学　◆作者:陈向宁　◆指导老师:柴志田

江山不负英雄泪,且把利剑破长空。

——题记

初看这本书时,我认为那时的旧中国完全是一塌糊涂,书中的鲁迅也说,"见过辛亥革命,见过二次革命,见过袁世凯称帝,张勋复辟,看来看去,就看得怀疑起来,于是失望,颓唐得很了",我真的很难不赞同。

泱泱中华,到底该何去何从?

随着内容的深入,我逐渐改变了自己的看法:老天既然创造了人,肯定会给人留活路,药一定是有的,不过得有人去找,去成为这第一个吃螃蟹的人。世上没有所谓的救世主,也没有所谓的神仙上帝,要挽救这个"泥巨人",只有靠我们自己!

正如鲁迅与钱玄同的"铁屋之辩"所展示的,那时的人们就像是睡在一间密不透风的铁屋子里,墙上一扇窗都没有,再过不久就要闷死了。然而既然都是在睡梦中逝去,也就感受不到死亡所带来的恐惧,更不会感受到回天乏术的无望。但如果你现在突然闯进这间屋子,扯着嗓子大嚷一番,惊醒了睡得较为浅的几个人,而使少数几位睡得较深的人来承受这无可挽救的临终苦楚,你难道认为对得起他们吗?并不是,既然已经有少数的人起来了,也不能说靠大家的力量绝对毁不掉这屋子,绝对拯救不了这屋子里的其他人。

书中提到的陈独秀、李大钊、鲁迅等正是这"大嚷一番"的人。

陈独秀从日本回国后,在上海创办了《青年杂志》(后更名为《新青年》),与志

同道合的战友们一起掀起了新文化运动的巨浪。他们高举科学和民主两面大旗，撰写各种热血报刊，鼓吹新文化，宣传新思想，以那时世界上最先进的思想理论之潮拍击着统治了中国几千年的封建顽石，势必造就新一代觉醒青年，唤醒人民的民族之魂。

故事的结尾，陈独秀与李大钊两人在北大成立了"共产党小组"，这便是中国共产党的雏形。后来"南陈北李"又把革命的火种从北京点燃到上海，又传播到全国各地乃至海外，形成了星火燎原之势。陈独秀是中国的"普罗米修斯"，他不怕天罚，敢于为了漆黑的人间盗火，为苦难的中国照亮了前程。

假如说陈独秀是这燃火之人，那鲁迅便是这扬火之人。

鲁迅先生字字以"我"示人，却字字都是为了人民。他在同学聚会上得知自己的同窗好友杨开明因为时常接济一个寡妇，有一天在寡妇家喝醉酒趴了一宿，寡妇的族人按照族规，竟然把寡妇活活给沉了塘，杨开明也因此疯了，变得谁也不认识；后来回到家门口，看见自己的表弟因为在来北京的路上看见不少饿死的人，也疯了，总觉得有人要杀他。在遭受了这一系列刺激之后，鲁迅先生奋笔疾书，完成了中国第一部白话文小说《狂人日记》。于是才有了我们耳熟能详的那一段话："我翻开历史一查，这历史没有年代，歪歪斜斜的每叶上都写着'仁义道德'几个字。我横竖睡不着，仔细看了半夜，才从字缝里看出字来，满本都写着两个字是'吃人'！"

可是就算在那个"吃人"的年代，也有人去照亮一切，驱散黑暗。鲁迅先生怀着一颗炽热的心，迎着凛冽的寒风，往风雪更深处走去，化笔为剑披荆斩棘，去用自己的步伐支撑着民族的脊梁。

在书中，还有两位令我钦佩的革命先辈——陈延年、陈乔年兄弟。从小目睹了社会黑暗与政府无能的他们，萌生出了去法国勤工俭学的想法。他们有着独立的思想和坚韧的品格，同时也有着明确而远大的目标——成为革命者，改变国家弱小的局面，并为之奋斗，不畏牺牲。

在他们的身上，我看到了二十一世纪中国青年应有的模样，哪怕时代更迭，他们仍是我们的榜样。中国之所以强大，便是因为有像陈延年、陈乔年兄弟俩这样的人存在。

我合上了书，结束了持续四天的阅读，我的内心充满了复杂的情绪，但更多的是敬佩。《觉醒年代》是觉醒的年代，黑色的字越看越红，短短的几页记录着他们鲜红的一生。我看着书中的插图，想起余光中说的："下次你路过，人间已无我，但我的国家,依然是五岳向上,一切江河依然是滚滚向东,民族的意志永远向前,向着热腾腾的太阳,跟你一样。"

正处年少,愿以此身,为国效力,虽千万人吾往矣!

谨以此文向所有为之奋斗的先辈以及不断进取不断突破的当代人,致敬!

 **点石成金**

作者在文章中运用了大量的思考和分析,对书中的人物和事件进行了深入的剖析。例如,对于陈独秀、李大钊、鲁迅等人的革命行动,作者进行了深入的思考和分析,认为他们正是"大嚷一番"的人,唤醒了沉睡的人们,引领着中国走向了觉醒的道路。这种深入的思考和分析使得读者能够更深入地理解书中的人物和事件。

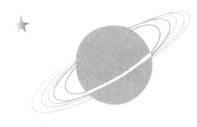

永远绽放的红山茶
——读《呼兰河传》有感

◆学校:嘉兴市第一中学　◆作者:李旻琪　◆指导老师:裴瑞雯

> 走六小时的寂寞的路
>
> 到你头边放一束红山茶
>
> 我等待着
>
> 长夜漫漫
>
> 你却卧听着海涛闲话
>
> ——题记

翻开这本书,我被萧红天真质朴的文字所吸引。"倭瓜愿意爬上架就爬上架,愿意爬上房就爬上房。黄瓜愿意开一个谎花,就开一个谎花,愿意结一个黄瓜,就结一个黄瓜。玉米愿意长多高就长多高,它若愿意长上天去,也没有人管。"后院中的一切都是那么自由、肆意野蛮地生长着,一如东北的粗犷的风。在祖父的宠爱下,我们小小的乃莹"不用枕头,不用席子,就把草帽扣在脸上就睡了"。在萧红笔下,一座小小的院子,就可以给予她无限的乐趣,她把她的"春光明媚"带了纸张面前的我,使我不禁对她的一切产生了兴趣。

"二十岁那年,我就逃出了父亲的家庭。直到现在还是过着流浪的生活。'长大'是'长大'了,而却没有'好'。"萧红的过往令我悲痛。生母的早逝,家庭的枷锁,丈夫的背叛,孩子的夭折,一件件一桩桩,就像一座座高山,无情地压在她的身上。命运对她来说是曲折的,是艰辛的。

那为什么她的文章却像从稚嫩的孩童的眼睛望向外界,那为什么她的文字是那样孩子心性,是那样天真无邪,带着北方土地的质朴与真诚?我开始在《呼兰河传》中寻找答案。

或许,答案就在一句话中。"可是从祖父那里,知道了人生除掉了冰冷和憎恶而外,还有温暖和爱。所以我就向这'温暖'和'爱'的方面,怀着永久的憧憬和追求。"

于是,《呼兰河传》如冰封的河流一般沉默却又蕴藏着汹涌的暗流。她在那些平淡自然的文字中淡淡流露出自己的态度,用孩子清澈无浊的眼睛,用干净澄静的笔触,去发出自己的声音。

在书的第五章,我遇见了小团圆媳妇。在封建迷信下,婆婆想给她点教训,就像自己当年那样,用烙铁烙她的脚心,用针刺她的手指尖。在这座小城里,没有人认为这不正常。他们在她求救的时候看着,在她昏死后假惺惺地慌张,最后她受尽了折磨,悲惨地死去。而那个一向孝顺、温顺的大孙媳妇,则像水变成水蒸气一般,消失了。这是女性的悲歌,这是时代的低吟,这更是作者无声的控诉。

萧红曾说:"我一生最大的痛苦和不幸,都是因为我是个女人。"可是,她并未因此而止步不前。她会为了读书、为了看见更广阔的天地,而挑战家庭的权威奔赴北平;她会因为不公的休弃,而挑战世俗的权威将丈夫告上法庭;她会因为仍处在压迫下的妇女,而挑战封建的权威把现实中低矮压抑令人窒息的天空用文学的力量撑得很高很高。她用冷触的笔调,热烈的感情,勇敢地向命运搏击!萧红不想屈从,也不会屈从。她开创了女性文学独特的表达方式,以情感结构全篇,遵循内心最原始的呼唤,打破限制着她的条条框框。而这又何尝不是她穷尽一生所追寻的理想与信念?她的文字就如同一朵独占枝头的红山茶,在茫茫黑夜中留下无法被忽视也不能被忽视的一抹鲜艳。

而今天,这朵红山茶仍静静伫立在枝头。她用她的作品,涌动着她的真情,代替自己的嘴巴,告诉世人她想要说的话,代替自己的行动,践行着她想为世人做的事。一个不幸的孩子,却想治愈一个不幸的民族。直到死,她仍在孤独地一往直前地走着,唯脚步慢一些而已。

 **点石成金**

　　作者对萧红文字中的情感表达和对于人生的态度进行了深入的分析,使得读者对萧红的文字和她的生活经历有了更深刻的理解。这些文字描写细腻、生动,让读者能够更深刻地感受到萧红的个人魅力和她的人生哲学。

堂吉诃德

◆学校:嘉兴市秀州中学　◆作者:赵文静　◆指导老师:沈吟委

我有一个朋友,堂吉诃德。

他就那样,站在那儿,亘古不变。我们第一次见面是在我年少懵懂的十三岁。那时候的他拉着我说他要做一名骑士,去建功立业,去完成他的理想抱负。我看他只身着单薄的盔甲,骑着一匹瘦弱的小马,拖着被岁月摧残的躯壳。

那时候的我,笑着说他癫狂偏执,简直就是一个彻头彻尾的疯子。在我看来,他分不清理想与现实,总是说一些大话,惹人发笑。殊不知,那时的我同他一样。我总是认为自己可以做得到,而不去想当下的境况与付出对等的努力,于是结果往往也不尽如人意,可我总是捂住自己的双眼,一次又一次地催眠自己,逃避着现实,直到我认识了他,我才发现我与他一样。不知道嘲笑的是那个与风车大战的堂吉诃德,还是好高骛远的自己。

他就那样,站在那儿,历久弥新。

自我们上一次见面之后,他似乎消失了一段时间,或许像他说的那样去做游侠骑士了吧。再一次听起他的故事,是在我的十七岁。褪去了当时的外壳,现在的我似乎比年少时多了些成就,但却又被现实束缚住了手脚。

这一次我听闻堂吉诃德被假骑士打败后,被迫返乡,在家乡的那张床上,轻叹着他的荒唐,最后长眠不起。这次我没有笑他,没有笑他做游侠骑士,没有笑他犯下的荒唐事、挨过的毒打、遭受的戏弄。反而是多了一丝敬佩,他在五十多岁的年纪,因为读了几部骑士小说就毅然决然地出走他乡,既疯狂又勇敢。无畏的精神、英雄的行为,对正义的坚信,对压迫者和弱小者寄予的同情,都是这位狂人身上的另一面。

于是不知怎的,我竟也想像他一样,拥有可以出发的勇气。在困境时,或许我会想起我有这样一位老朋友,或许我也能像他一样勇敢果断地出发。

我开始悼念这位老朋友,我想,他那样一个疯狂又勇敢的人,选择死亡不仅仅是因为生命的枯竭,更是因为,在他成为游侠骑士的日子里,他的"理想"不能带来丝毫曙光,社会还是照样黑暗。他因此感到迷惘而怅然了。

骑士堂吉诃德,虽然没有足以不朽的业绩,却有一种伟大的精神。

我就是堂吉诃德。

点石成金

　　文章结构严谨,思路清晰,通过描述作者与堂吉诃德之间的故事,引出了对堂吉诃德性格和行为的分析。作者在叙述过程中,充分运用了形象生动的语言,使得读者能够更加深入地理解堂吉诃德这个角色。文章中充满了对堂吉诃德的敬佩和悼念之情,展现了一种对勇敢追求理想的精神的赞赏。同时,作者也借此表达了对现实社会的批判和对勇敢精神的呼唤。

长路浩荡　回头已过万重山

◆学校:海宁市职业高级中学　◆作者:王梓恬　◆指导老师:糜跃明

　　我们曾在青春的路上相逢,照见彼此的欢喜。

　　　　　　　　　　　　——《我们曾在青春的路上相逢》

　　已经许久没看一本书看得如此痴迷了,第一次捧起这本书是题目吸引了我——《我们曾在青春的路上相逢》,看似简明的书名却温暖了我的心扉。

　　丁立梅的文字总是淡雅而温柔,仿佛总有一股魔力能够带动我心底那丝温暖。她在书中的扉页里写道:"每个人的心中都有一束花,我只愿,全世界的花都好好地开。年少时再多的疼痛,都风轻云淡了。"秋风瑟瑟拂过我的书页,响起哗啦哗啦的声音,我思绪万千。正值青春的我,被她对雨露花草的真情而感动,被她对生命脉动的想法所激发有了全新的感悟,更被她对韶华青春的追思而深深共情。她那些柔软而美好的视角,那些绝妙而生动的语言,把我带回青春开始的那一刻。

（一）

　　书中令我印象最深的部分莫过于丁立梅老师与她的朋友结伴去爬山,可从产生登山的念头到漫步山脚下,她觉得仿佛已过了一个月。大抵是到了中年吧,已不像孩童那般洒脱自由。想爬树摘花却忘了自己已经不是往昔的小姑娘。路上布满荆棘,可她内心依旧平静,还想说:"若无路可走,便蹚出一条'血路'。"

　　我敬佩她的坦坦荡荡,她说,比起寻梦路上的荆棘一次次地刺痛她,这登山路

上的荆棘实在是算不得什么。作为体育生的她经历了常人接触不到的痛苦，但她依然坚持走下去，成为身边人的榜样，可背后的那些苦楚谁又能得知呢？我想，我也会克服青春路上的荆棘，逆流而上，主宰我的世界。

（二）

那什么是青春呢？最近突然读懂了《早发白帝城》的那句"轻舟已过万重山"，让我的思绪不由得被拉回从前。小学时觉得忘带了作业是一件天大的事，心理建设做了半天最后面对老师还是低头不语；上了初中觉得每一次的测验都在退步是天大的事，总是一个人在半夜思考着未来的道路，或又躲进房间偷偷抹泪；上了高中觉得考不上梦想的大学是天大的事，看着周围的朋友都在稳步提高而自己却在原地踏步，想起这些似乎人生都暗淡了下来。可现在想到丁立梅老师在文章中说过："我们走过一段路，总会感叹，想回到从前，哪怕是不顺和艰难，坎坷和困苦，都给我们带来了勇气与毅力，喜悦与收获。"想想这些，我就觉得这一切似乎都已经不重要了，因为我得到了收获与成长。

与朋友聊天时谈起了往事，与同学之间因为一些小事而开始争执，最后两个人的耐心都到了极点，最终不欢而散。班主任知道了这件事，批评教育了我们。我的脸顿时涨红，班里同学也嘲笑我们的幼稚，因为这件事我的成绩开始下滑，所以肯定避免不了他人的指指点点……在当时，似乎这些都是难以逾越的坎，觉得自己一辈子都要带着这些阴影走下去。可如今，我与朋友聊起这些，开始变得云淡风轻，觉得那时的自己幼稚可笑。

想起丁立梅老师爬山时的经历，沿路布满荆棘，可她想尽方法躲避，哪怕最后还是受伤，但她的方向依然很明确：向上，向前！心若有所向往，又何惧道阻且长。我会带着这样的信念走下去，这是她在书中教会我的最大道理。

（三）

又想起李白那句诗，我又何尝不是一叶扁舟呢，在青春的河流里漂浮着，这路跌宕起伏难以前行，可再回头看时，关关难过关关过，长路漫漫亦灿烂。就如书中描绘的那些小嫩芽一般，它们随风舞蹈，有高有低，似在为我鼓掌，又好像在诉说着我的勇敢，我感谢它们的存在，让我觉得迎难而上好像也没有那么可怕。

正如书中所说的那样,时光不急不慢地前行着,把过去的苦难和悲伤都带走了。我庆幸,庆幸没有惧怕那些荆棘,更庆幸我有了自己的目标,找到了属于我的惊喜。

青春是一道靓丽的风景线,就好似丁立梅老师非要爬树摘的那朵栀子花一般纯洁美好。而对我来说,青春的路还很漫长,我还要去经历那些未曾经历过的事。我想,我要做自己的光,永远热烈,永远勇敢,永远青春年少。

 点石成金

这篇读后感条理清晰,观点鲜明,体现了作者对所读文章的深入理解。作者对于《我们曾在青春的路上相逢》内容理解准确、提炼精准。在阐述个人读后感时,能够合理引用原文并加入个人人生体验思考,思想情感细腻。

书香里，正青春

——读《我们曾在青春的路上相逢》随感

◆学校:嘉兴市建筑工业学校　◆作者:屠轩睿　◆指导老师:郭亚磊

暑假已经过去一半,我看着书桌上那本书,思绪被拉回到和它相遇的那天。

初识:精致封面拨动心弦

在学校图书架上,我一眼就锁定了这本新书,它的书封大致由四种颜色组成:一袭白衣的黑发少女手持褐色行李走在一条曲折的小路上,周围是广阔的绿色草地。少女只有背影,她面朝着不远处红色涂装的列车,更远处还有郁郁葱葱的树林与山丘。与之相比少女显得渺小,但背影现出坚毅,书名是"我们曾在青春的路上相逢"。这让我突然想到:我现在不就正值青春吗?"现"与"曾"二字的碰撞令我感叹不已。丁立梅这位作家的写作风格是怎么样的,快速翻开书页,作者简介给出了答案,她被读者誉为暖心散文家,喜欢用音乐煮文字,这样的评价更坚定了我的选择。

遗忘:短暂懈怠后的挣扎

我迅速办理完借书流程回到教室,如获至宝般轻轻地把它放入书包带回家。然而一到家,我立刻走向充满电的手机:放假啦,时间充裕,玩会儿手机又何妨。被精彩的网络信息吸引的我浮躁起来,已然忘记了躺在昏暗角落的书包里的"至宝"。

时间过去一个月,我虽然规划了阅读方案,但是这书本上的白纸黑字哪能与手机屏幕中的五光十色相比,我看了半本觉得索然无味。从思绪中回过神,警醒自己不能再抱有这样浮躁的心态,否则整个暑假又将被我荒废,我的心在呐喊:改变现状啊。

沉潜:耐心品读后的思考

再次翻开书,心态从浮躁逐渐趋于平稳。翻到目录,才发现总共有五辑,第一辑的总标题是"初心"。我想到的都是学习与生活的初心。没想到作者说的却是植物花卉的更替。在《自是花中第一流》这篇文章中,我读到了这样一句:"这世界上,总有些好花,让人一见欢喜,如同这世上总有些好人,在支撑着这个世界的美好,让人心念转动,眼睛濡湿。"光是题目就突出了要写的花:桂花。作者引用了词人李清照那句家喻户晓的经典:"何须浅碧轻红色,自是花中第一流。"而这段话正好与词相呼应,桂花没有绚丽的色彩、华丽的形态,但是它却给人们送来淡淡清香,文中所说的好人就是如同最近受暴雨影响乘客被困列车里时,列车员徒步运回食物并安抚众人的报道中展现的那种。世上有许许多多不同岗位的平凡工作者,他们像桂花一般默默无闻,却能令人们眼睛濡湿。想至这里,不由得感叹作者手法的巧妙,暖心散文家是读者做出的肯定评价。

第二辑主题就是书名"我们曾在青春的路上相逢"。看见标题就有预感,作者是在回首青春往事时有所总结和感悟才写出来的,读完全辑证实了我的想法。作者回忆了自己的青春时代,尤其是中学时期的生活。现在的我们上学有义务教育,生活小康,书中则体现了那个年代的艰苦、朴实,让我体会到改革开放给每个人带来的巨大变化,而我正值青春!我不禁想起上个星期二初中的好朋友相约聚会,大家在约定的公园中相见,一起活动。谈到初中趣事,我们开怀大笑;分享高中生活,我们互相鼓励,给出建议。作者说不切她的中学生活实际的句子"青衫少年,白衣飘飘",现在反过来用于形容朋友友谊的纯美却感觉恰当。我们现在走在青春这条康庄大道上,可也许过些年就会变成"曾在"了,就像这本书封面上显示的:少女提着行李箱走向远处的未知。这一辑让我知晓青春对任何一个人来说都是弥足珍贵、难以忘却的。

读第三辑时已经过去一周,我严格按照自己划分的时间规划表约束自己。了解到读者给作者起了个亲切的称呼"梅子老师",不仅拉近了双方关系,也令我深

深沉浸在这本散文的魅力中。

"草木有本心"是第三辑的总标题,这辑作者对天气、节日这些事物的描写无愧于简介中"用音乐煮文字"的写作特点。写雨声她是这样描述的:"雨是乐界的多面手,……细听好像还有二胡和小号在合奏一曲交响乐。"说来也巧,我读这篇文章时正值夏季台风,窗外雨声连绵不绝,我正觉得吵闹。这段文字好似乐谱,使这嘈杂的雨声变为我阅读时的伴奏。写圆月她寥寥数语,月亮的形态就跃然纸上,还让我对光阴流逝的感悟更加深刻。诸如此类的句子在书中不胜枚举,我将它们阅读并摘抄进记录本,学习并思考如何运用,使其成为自己的写作宝典,丰富自己的语文知识。

实践:深入阅读后的顿悟

散文的特点是形散神不散,我把第四辑、第五辑合并到一块思考,"舌尖上的思念"和"生命是一场感恩"是两辑的标题。看见"舌尖"我会想起外公外婆烧的家常菜,我和爸妈每个星期都会去他们家探望。第五辑读完,总结来讲就是想做什么事只要有意义,就立刻动身,绝不拖拉!想到外公外婆每周见到我露出笑脸时,皱纹是那么深,我脑海里现出作者学习长辈做菜的场景。自己提高动手能力,感恩他们的付出。我马上就开始了简单菜品青椒炒土豆丝的制作,蓝色火焰的炽热扑面而来,往锅里倒入适量食用油后放入切好的土豆丝进行翻炒,换小火等到土豆丝由黄色转至半透明时再加入青椒丝,均匀撒上一勺盐、倒入一碗凉水,然后盖上锅盖焖烧,看青椒丝从深绿烧至淡绿时,稍微撒点鸡精和白糖,改大火迅速翻炒两分钟,最后装盘,土豆略带焦味随着滚滚热浪飘散开来。烧完一道菜已经大汗淋漓,却不一定好吃,我体会到了艰辛,那些看上去容易的步骤实际操作起来却难以掌控。这本书告诉我不能被一时的挫折打倒,办法总比困难多,我将继续坚持超越昨天的自己。

"读一本好书就像和一个高尚的人说话。"我完全相信这句话。梅子老师给我带来了不一样的世界,也教会我新的知识与一颗会感受的心。带着文字里的优雅去过一种怡然自乐的生活,这应该就是本书最大的魅力,它让你穿过人世的纷纷扰扰,放下手机里的无限诱惑,在属于我的青春路上与最青春的我相逢。正青春,去读书吧。

点石成金

　　这篇读后感详细记录了作者读《我们曾在青春的路上相逢》时的心路历程,文章由"初识""遗忘""沉潜""实践"组成,层次分明,构思独特新颖,思想有深度。

一城山色半城湖　人间至味是清欢

——《济南的冬天》读后感

◆学校:嘉兴市建筑工业学校　◆作者:詹航　◆指导老师:陈忠杰

《济南的冬天》是老舍先生的一篇散文,透过他对济南冬季的描绘,展现了济南人民勤劳、坚韧、乐观向上的精神风貌,给我留下了深刻的印象。

没有秋天的宁静,没有夏天的骄阳,更没有春天那样的似锦繁华,回想我们所拥有的冬天,无不是凛冽得令人瑟瑟发抖。然而,老舍先生笔下的济南,如同一幅美丽的写意水墨画,展现着这座古老城市的独特魅力。在这里,山水交融,窄窄的羊肠小道与宽敞的山坡相映成趣。我仿佛能感受到阳光的温暖,遥望着高高的山丘,期盼着春天的到来。这样的景色让人心旷神怡,仿佛置身于人间天堂。正如老舍先生在文中写的:"济南的冬天是响晴的。……在北国的冬天,而能有温情的天气,济南真得算个宝地。"虽是我国北方的冬,可是在他的眼中,在那么多温情意象中的冬,是温柔的、响亮的,更是洋溢着暖与情的,尤其是与那远在异国他乡的伦敦相比。他用朴实的文字,将济南的美景展现在我的面前,让我对这座城市充满了向往和热爱。

大概正是这样的景,才养育了那样的人。

在《济南的冬天》中,老舍还通过描写济南人民的生活方式,展现了他们坚韧的精神和积极向上的态度。即使生活并不富裕,他们依然能够享受生活中微不足道的乐趣。每当天黑下来,大家都会走出家门,散步在空旷的大街上。路灯下,淡红色的面粉散发出诱人的香气,这种景象让人心生喜悦。他们相信,只有活动起来,才能感到舒适。在镇上逛街的时候,他们很少能见到亲戚朋友,但这并不影响他们的心情。他们已经习惯了这样的生活,对于城市中弥漫的香气和温暖的感觉,他们怀有美好的向往和喜悦。他们的生活虽然简朴,但他们依然能够从中找到快乐和满足。他们用自己的行动诠释着坚韧与积极,这种乐观的态度和对生活的热爱,让我深受感动。

读完《济南的冬天》,我不禁思考起自己的生活。人生就像一场冬天的旅行,面对困难和寒冷,我们是否能够保持乐观向上的态度呢?在如今这个快节奏的社会,很多人都过着忙碌而紧张的生活,学习的、过日子的压力,孩童的、成年人的压力,物质的、精神的压力,等等,时而让人透不过气,仿佛那冬日里扑面的寒风与冰雪……然而,正是在这样的环境中,我们更应该学习济南人民,把寒冬过成响晴的暖冬,保持乐观的态度,积极面对生活中的困难。

而这,不正是祖祖辈辈中国人的真实画像吗?

回望历史长河中逐渐远去的先辈们,纷飞的战火模糊了他们的眼睛,弥漫的硝烟给那个时代蒙上了一层厚重的灰。他们铁马金戈,抱着马革裹尸的坚定信念,在枪林弹雨中浴血奋战,收拾起那破碎的山河,在黑暗中迎来黎明的曙光!坚韧与乐观仿佛是这个民族与生俱来的底色,空空的双手能在几千年前筑造出世界奇迹——长城,如今,他们还在继续创造着一个个崭新的奇迹,海洋与天际,处处都留下了我们中国人的印记。而最宝贵的是他们远去时回首留下的那份淡然,是千帆过尽的从容,是垂念殷殷的叮咛——轻舟已过万重山,前路漫漫亦灿灿。

《济南的冬天》如诗如画亦如歌,清冷而温柔,坚毅而乐观,不断地吸引我们去期盼它、亲近它、探索它,亦在鼓舞着我们一代又一代的炎黄子孙,要怀揣对美好生活的向往,迈开坚定的步伐,继续前行!

 **点石成金**

作者读完《济南的冬天》,不禁思考起自己的生活,再由自己联想到祖祖辈辈的中国人,体现了作者对所读文章的深度思考。文字清晰流畅,情感真挚。

何其有幸，生于华夏

——读《觉醒年代》有感

◆学校:桐乡市技师学院　　◆作者:陆晟埸

　　"我们生在红旗下,长在春风里。人民有信仰,国家有力量。"历经百年风雨飘摇激荡,中国共产党以无畏的精神带领中国人民走向胜利,写下了中华民族历史上前所未有的壮丽诗篇。作为新一代的青少年,我们应该接过时代的火炬,破旧立新,开创属于我们这代的"觉醒年代"。

　　一次偶然,让我读了《觉醒年代》,它主要展现了从新文化运动、五四运动到中国共产党建立这段波澜壮阔的历史,展现了那个年代的社会风情与百态。以李大钊、陈独秀、胡适从相识、相知及分别走上不同革命道路的故事为主线,同时向我们展示了毛泽东、周恩来等革命青年追求真理的经历。形象生动地展现了一百年前中国的先进分子和热血青年追求真理的激情岁月,也让我们更加走进先贤的精神世界及理想乐园。

　　在历史课本上,对于陈独秀的介绍只有寥寥几句,我只知他是《青年杂志》(后更名为《新青年》)的创刊人,也是新文化运动主要的领导者。但这本书中向我展示了更加丰满的陈独秀。在国家危亡之际,陈独秀创办了《青年杂志》,高举科学与民主两大旗帜,希望能造就新青年,将国家危亡与青年紧密连接起来,寻找救国良方。之后的新文化运动是一场伟大的运动,它唤醒了人们麻木的思想,为中国迎来了马克思主义,让一些有新思想的人有了组织,推动了思想的解放,也开启了自救之路。我认为,没有陈独秀,就没有新文化运动,就没有支撑中国革命最终走向胜利的中坚力量。陈独秀为了中国的革命,不论困苦与艰难,一步一步地探索着适合中国的道路,并为之奋斗。作为我们的建党人和最初领袖,陈独秀是一个时代的伟人,他在历史上留下了浓墨重彩的一笔,他的丰功伟绩和所作所为,应该被历史与人民永远牢记。

"我翻开历史一查,这历史没有年代,歪歪斜斜的每叶上都写着'仁义道德'几个字。我横竖睡不着,仔细看了半夜,才从字缝里看出字来,满本都写着两个字是'吃人'!"成为《新青年》的编辑后,鲁迅写下了《狂人日记》,留下了这段令人振聋发聩的文字。当我读到这一段时,心中也不免有些激动起来。鲁迅先生以笔作剑,撕开了当时社会的虚伪和最后一块"遮羞布"。"仁义道德",原本是美好的品德,可在那个时代却成了一些人的掩盖物。鲁迅先生希望《狂人日记》可以唤醒那些还没有"吃人"的人的灵魂,使他们觉醒,让他们的灵魂不再麻木与徘徊,成为推翻旧社会的新力量。在以前的我看来,鲁迅的文章晦涩难懂,如今看来,那是一个时代的悲哀。鲁迅笔下的每一个人,每一个故事,都是那个时代的一个缩影。再读《狂人日记》和鲁迅先生其他的作品,我似乎可以真真切切地理解了,从中带给我的思考是在翻来覆去的阅读中无法体会的。当下有一个很热门的话题,即要不要脱下孔乙己的长衫?这引发了网友的激烈讨论。时代正不断地向前,但是鲁迅的文字足以超越时代,他的文字犹如一支箭,从百年前破空而来,正中处于新时代的我们的眉心,为处于新时代的我们引发新的思考与讨论。

如今,有许多青年人有幸继承了陈独秀的精神。陈独秀在国家危亡之际,寻找救国良方,引领人民走向光明,诠释了什么是"苟利国家生死以,岂因祸福避趋之"。当代也不缺如陈独秀这样的青年人。近期因台风原因,涿州突发洪水,淹没了道路,仿佛茫茫大河,损失惨重。听到这个消息,大家都贡献出了自己的一份力量,各大救援队纷纷行动,社会各界爱心人士也纷纷寻找物资,支援涿州。每一个救援行动,都镌刻着救援者的责任与担当。这份责任,生动展现了我们的使命与初心,和先辈们敢于奉献的伟大精神。

每一个时代都有一个时代应该承担的责任与前进目标,作为新一代的青少年,我们应该继承与发扬先辈的劳动成果和精神家园,并传承下去,继续奋发前行。滚滚巨浪掀不翻生命之舟,正如浓浓黑夜遮不住前进的道路。我们定能肩负起时代的重担,不负青春,不负韶华,稳定前行,继续发扬与传承先辈的精神。

 **点石成金**

　　本文很好地体现了读后感的特点。文章采用"引—议—联—结"的结构模式，从简要介绍《觉醒时代》内容，到新时代青年应继承先辈精神，文章思路清晰，结构紧凑、完整。文章夹叙夹议，文笔流畅。

忆峥嵘岁月，展青春韶华
——读《觉醒年代》有感

◆学校:嘉兴市秀州中学　◆作者:阮欣怡　◆指导老师:吕萍

> 青春如初春,如朝日,如百卉之萌动,如利刃之新发于硎,人生最宝贵之时期也。
>
> ——题记

历史少有浪漫,旧时总多荒唐。上有歌舞升平,下有草芥悲鸣。众生喧哗,混沌乱世,不戳破,何谈觉醒?

青年的觉醒,是视死如归的信念,是宁死不屈的精神。

在那个吃人的时代,也有人从光中走来,文中有一个片段是二十九岁的陈延年和二十六岁的陈乔年一路花、一路血地走在前进的道路上,尽头是烟花人间。牺牲前,陈延年说:"革命者光明磊落,视死如归,只有站着死,绝不下跪。"肉体已逝,脊梁仍在。"去时少年身,归来烈士魂。"一群人在最美好的年纪,像火焰一样燃烧,引来一缕光明,照破山河万朵。在遍地哀鸿的神州大地上,他们顶着陈腐制度的压力,冲破旧思想的牢笼,给身处"铁屋子"里的国人带来信念与希望。

青年的觉醒,是不安现状,冀以世界因己而改变。

在那孤立无援、山河血染的时代,总有一群青年挺身而出,渴望改变,便有了周恩来立志"为中华之崛起而读书"。鲁迅有言:"寄意寒星荃不察,我以我血荐轩辕。"毛泽东放言:"天下者,我们的天下。国家者,我们的国家。社会者,我们的社会。我们不说,谁说? 我们不干,谁干?"他们的觉醒,唤醒了国人,给予无生机的旧中国以生机,使中国一步步走向今天,成就这繁荣盛世。

青年的觉醒,是坚定的决心,是救国救民的担当。

"遍地哀鸿满城血,无非一念救苍生。"旧中国贫瘠落后,人民痛苦不堪。因此,为推翻旧思想,陈独秀创立了《青年杂志》(后改名为《新青年》),在创刊号上提出了"新青年"的六条标准,为救国之路开启了新的闸门。在激荡的风雷中挺立潮头,在笃行的勇毅里成就华章。陈独秀让马克思主义广泛传播,从真正意义上拯救了中华民族人民的精神,激发了全国人民的爱国主义。新文化运动的先锋们义无反顾地投身到群众运动中,甘愿为祖国的前途奉献出自己的全部。

觉醒,是"人生自古谁无死,留取丹心照汗青"的坚定决心,是"天下兴亡,匹夫有责"的责任与担当,是"先天下之忧而忧,后天下之乐而乐"的壮阔胸怀,是"随风潜入夜,润物细无声"的无私奉献。它让一个个革命青年挣脱腐朽,让新中国走向光明的前景。

"付吾辈之韶华,耀吾辈之中华。"

身处和平年代的我们,眼见着海晏河清的盛世,沉浸在影视剧里的才子佳人与风花雪月,殊不知真正的浪漫是属于撕破黑暗的先锋、高擎炬火的文人志士、胸怀大义而又心系苍生的革命者的。

青春的光芒照在每一位青年身上,强健体魄是青春,挑灯夜读是青春,为实现中华民族伟大复兴而努力,也是青春。在这不可复制的旅途中,我们更要展现青春之风采,实现青春的价值。

习近平主席曾指出:"只有进行了激情奋斗的青春,只有进行了顽强拼搏的青春,只有为人民作出了奉献的青春,才会留下充实、温暖、持久、无悔的青春回忆。"以青春之名,唤青年之觉醒,愿山河无恙,祖国蒸蒸日上。

 **点石成金**

本文充满了思想的火花,作者由所读《觉醒年代》引发对青年的深度思考。文字清晰流畅,主旨鲜明。文章恰当引用鲁迅、毛泽东、文天祥、习近平等人的话,说服力强。

寄芳华于美景，用青春表温情
——读《我们曾在青春的路上相逢》有感

◆学校:嘉兴市建筑工业学校　◆作者:李虹征　◆指导老师:耿秀秀

让我们在青春的路上相逢,照见彼此的悲喜。

——题记

青春是什么？青春是一张无解的试卷,青春是人生必经的路。我们拥有青春,失去青春,怀念青春,回忆青春。长大了以后,你才会知道,在蓦然回首的刹那,没有怨恨的青春才会了无遗憾,如山岗上那轮静静的满月。人无法同时拥有青春和对青春的感受。在《我们曾在青春的路上相逢》一书中,作者运用暖心的文字,用心的故事,真诚的感情,重温青春时光,表达对雨露花草的真情感触,对生命的领悟,对韶华芳菲的无限追思。寄芳华于美景,用青春表温情。

春日到,万物醒,梨花风起正清明

春日降临,柳条抽出新芽,我立于桥头,春风悄无声息地从我脸颊上跑过,抬眼望去,数万株新生的柳条随春风起舞,翩若惊鸿。春风瞧见不远处的梨花,上前互动,梨花摇动身姿,风中飘起点点星光,雪白得发亮,空中一片斑斓,使人难以忘怀,一位母亲正领着小孩路过此地,也停住脚步,驻足观望。踏青,赏春,看梨花,白云蓝天,青草秀水,无一不透露出春的到来。春日的阳光暖得让人不自觉地露出微笑。母亲教小孩轻轻哼唱着:"小燕子,穿花衣……"她低头看向孩子的眼神,是永远的春天,而这本书中的文字,是作者笔下永垂不朽的春季。

"草木有本心,何求美人折!"蚕豆花开,星星点点,伴在菜花旁。裹着头巾的养蜂人,脸上刻着岁月沧桑。四季之首,年年来到,春季赏花,不厌其烦。坐在湖边的钓鱼者,放饵,下钩,等待,捞空,却依旧乐在其中。他们快乐吗?我看过花开,看过商场摆放的蜂蜜,看到过满载而归的水桶,苦乐自知,好好活着,我愿在这生气勃勃的春天,他们都是快乐的。

梨花,代表着纯洁的爱情,却又有离别的含义。作者讲述了一段祖父母的爱情,既令人羡慕又感到可惜。作者写道:"他们在梨花风起时,合葬到一起。他们躺在故土的怀抱中,再不分离。"祖父母半生的感情,就如梨花的花语一般纯洁的爱,一辈子的守候不分离,永远浪漫且温馨。

风起时,云消散,思君不见倍忆君

长大后总能想起小时候睡觉时,外婆手里总会拿着一把蒲扇,为我轻轻地扇走炎热,赶跑蚊虫,好像有外婆在的地方我睡得格外香甜,总以为外婆会永远在我身边。后来外婆走了,仿佛从未来过,长大以后,夏夜的天空下,萤火虫不再像小时候天上的星星那么多,可能成长的代价就是不时地想起已经逝去的一切。以前自卑、敏感的小孩早已变成勇敢、将所有情绪藏于心中的"大人"。我们害怕的不是长大,而是在成长过程中无声无息消失的快乐。我变得坚强,早已成为万事不会轻易"侵蚀"内心的"大人",可是那把蒲扇再也不会回来了。

歌声响,空如旧,雁过留痕风留声

读着读着,看到作者的其中一篇标题,不由得感叹万分。有一首歌,贯穿了我一整个学生时代,每当萨克斯的音乐响起,我就会想起:小学时广播奏响音乐,我在传达室等待家人接我回家;初中时,音乐贯穿整个校园,我已不再等待有人接我回家,而是在学校吃完晚饭准备上晚自习;高中时,我下了课,买好饭菜,坐在寝室里,此时寝室外响起音乐,我却不再期待回家。后来我知道,贯穿我学生时代的优美音乐,它的名字叫作《回家》。可我已不再是那个等待家人接我回家的小朋友,所以再听此歌,内心已没有小时候迫切想回家的想法。万事无常,变化多端,有些东西总会留下来过的痕迹。

生命情,青春纪,心怀感恩叙成长

神话中,女娲创造了人类,世界不再寂寞。

生活中,父母给予我生命,我不再孤单。

生命若是一场旅途,遇见就是最美的盛放,心怀感恩,所遇皆暖。生命是一场感恩,抑或是一种回望,回望过去,展望光明蓬勃的未来,将成长的故事娓娓叙说。

阅读完整本书,我想用《达洛维夫人》中的一句话来表达我的感受:"人不应该是插在花瓶里供人观赏的静物,而是蔓延在草原上随风起舞的韵律,生命不是安排,而是追求,人生的意义也许永远没有答案,但也要尽情感受这种没有答案的人生。"

我们终会在青春的路上相逢。

 点石成金

这篇读后感是作者读《我们曾在青春的路上相逢》之后引发的感受。文章"读"和"感"紧密结合,感情表达真挚,能引起读者的共鸣。让读者对《我们曾在青春的路上相逢》一书中作者运用的"暖心的文字,用心的故事,真诚的感情,重温青春时光,表达对雨露花草的真情感触,对生命的领悟,对韶华芳菲的无限追思"有更深刻的理解。

人生缓缓，自有答案
——读《生活明朗　万物可爱》有感

◆学校:平湖市乍浦高级中学　◆作者:陈乐颜　◆指导老师:沈颖

人生漫长却也转瞬即逝,有的人在时间里看到了尘埃,有的人在岁月里望见了星辰。当我们从人生的起点走到终点,回望过去,那些悲欢离合,那些喜怒哀乐,像墨水一般洇染纸背。人生究竟会画出一幅什么样的图画?我想,人生缓缓,时间自有答案。

寻常岁月的力量

苦难能带给我们什么?季老用他几近百年的人生经历告诉我,苦难不一定只有苦和难。它可以"使我终身受用不尽",童年的贫苦多难,没有让季羡林对功名利禄孜孜以求,反而对物质更加看淡;从小与父母分离,没有让季羡林心中生恨,反而对亲人更加珍重;时常经历的生离死别,没有让季羡林看淡生死,反而更加珍惜岁月。时代的尘埃落在季老的身上,没有像一座大山一样压垮他,他轻轻拂去,乐观待之。

我看到了苦难的答案。苦难像一杯咖啡,初尝苦涩,回味醇香,更重要的是能够使我们振奋精神。如今焦虑的人群、内卷的社会常常让我们垂头丧气,现在想想,不过是人生必然要经历的。放下焦虑,沉浸于岁月,苦难自然会给我们力量。

同行师友的温暖

师友能带给我们什么？季老用他的人生经历告诉我们，要看到别人身上的闪光点。他在沈从文身上看到了安贫乐道、淡泊宁静的力量，这种力量足以穿越时代的风雨；他在张岱年身上看到了正气凛然、唯学是务的仁爱，这种仁爱足以使人"岂止于米，相期以茶"；他在朱光潜身上看到了"一名之立，旬月踟蹰"的严谨，这种真诚的为人处世的态度足以赢得成功与尊重。

我看到了师友的价值。不是天天在一起的才叫朋友，友情的价值不是时间可以衡量的，而是友情能让我们在深渊里抬头，在低谷中爬坡。朋友可以是老师，看到朋友身上的闪光点，然后鼓励自己同行，和朋友一起成为更好的人，这应该是友情最好的模样。

宇宙山河的浪漫

山河能带给我们什么？季老用他的旅行经历告诉我们，极目楚天，在宇宙中认识自己。他站在江水汇合的三角洲头看到万家灯火，"回首前尘，唯余感慨；瞻望未来，意气风发"；他在德里的风光里，看到了异国人民的友情，"没有形体，没有颜色，但有重量"；他在西樵山下感受到了自然的乐趣，"久在樊笼里，复得返自然"。

我看到了山河的价值。我们一路的走走停停，不应该只是去功利地追逐风景名胜，了解历史文化，用于攀谈，而是在一路的风光中，在宇宙的山河中，启迪自我。《论语》说："天何言哉？四时行焉，百物生焉，天何言哉？"天地一言不发，却告诉了我们所有的答案。这应该就是宇宙山河的浪漫。

季羡林在《生活明朗　万物可爱》中以过来人的笔触写下自己一生的经历，他让我们感受到岁月的力量，亲友的温暖，山河的浪漫。这本书像一扇窗，推开它，我看到了生命中的春日暖阳。

我想，如果在人生的风雨里，我们努力让自己看到明朗的世界，那么最后也会画出万物的浪漫。坎坷人生、寻常岁月里也可以有熠熠生辉的片段。百态人生、世事无常里也可以有可爱明媚的生活。

 点石成金

　　本文作者联系故事,体会到"人生缓缓,自有答案",以自己独特的视角,感受到岁月的力量、亲友的温暖,情感丰富而真实。文章采用"寻常岁月的力量""同行师友的温暖""宇宙山河的浪漫"结构模式,思路清晰,语言流畅。

循精神之变形，振翮高飞
——读《查拉图斯特拉如是说》有感

◆ 学校:北京师范大学附属嘉兴南湖高级中学　◆ 作者:谢子天　◆ 指导老师:许利娟

　　"谁终将声震人间,必长久深自缄默;谁终将点燃闪电,必长久如云漂泊。"青年负壮志,自有对理想的追求。然遍地坎坷,迷惘拦路,有人踌躇不前,有人堕云雾中。因而,我想循尼采的精神之"三重变形"以振翮高飞。

　　尼采借查拉图斯特拉之口,向人们讲述了精神的"三重变形",他给予其以生动的比喻:一为"骆驼",二为"狮子",三为"孩子"。

　　"骆驼"象征着坚忍,意味着我们在追寻理想的路上,要用肩膀去丈量生命的重量。

　　"骆驼具有忍辱负重的强健精神,背负着许多重负,它强健,所以它渴望有重的和更重的负担。"舜发于畎亩,胶鬲举于鱼盐,朱耷以哭之笑之的颓笔,开创一代画风……毋庸置疑,中华漫漫历史长河中,从不缺少这种拥有"骆驼"精神的人,他们正是能担住重担,承受生命的重量,才得以名垂青史。《平凡的世界》中的主人公孙少平自食其力,赤手空拳地闯入陌生城市,不也正是这种精神的体现吗? 于我而言,避重就轻则成了企图减负的方式,因此我欲向"骆驼"转变,在挫折的洗礼下,磨炼意志,增长才干。

　　"骆驼"是"狮子"的必要准备,"狮子"意味着由被动转为主动,不断斗争,不断争取。

　　"只有经历过地狱磨难的人,才有建造天堂的力量。"书中的查拉图斯特拉,经历了由骆驼到狮子的蜕变后,总是带着狮子的精神下山,再带着迷茫、疲惫上山。在往复中不断开拓思想的境界,一步步向"超人"进化。鲁迅在《野草》的开篇说:

"当我沉默着的时候,我觉得充实;我将开口,同时感到空虚。"鲁迅的沉默是为了伟大的斗争而思考,他开口是向黑暗的社会发出批判。正如查拉图斯特拉,没有选择隐居山中,而是一次次为了自己的理想下山,直面苦难。而对于我们,要做的就是"于天上看见深渊,于一切眼中看见无所有",在日常学习生活中,主动寻找自己的不足,并努力克服。如雨果所说,做把黄昏当作黎明的人。

若精神仅滞于"狮子",则会陷入自我矛盾的漩涡,因此当朝"孩子"——精神第三境蜕变。

尼采的话耐人寻味:"小孩是天真、无辜与健忘的,就如一个新的开端。"初读不解,继续往下读,豁然,柳暗花明,"常德不高,复归于婴儿"。孩子具有天真纯洁的意志,他们永远谨守本心,保持初衷。海明威曾是尼采"超人主义"的坚定支持者,但生命最终寂灭于猎枪之下,究其原因,是没能回归孩子的本真,迷失了自我。青年如我们,自然没有深刻的人生哲理让自己痛苦不堪,但在追寻理想的路上,往往会陷入迷茫,迷失自我。因此,"小孩"的精神便可帮我们拨云见日,认清来路,永葆赤子之心。

"查拉图斯特拉如是说,并且离开了自己的洞穴,热烈而强壮,有如一轮从灰暗群山间升起的旭日……"流光一瞬,尼采已逝;纸页哗哗,查拉图斯特拉的旅程也已结束。但我的旅程才刚开始,望着来路的漫天星光,我正向着自己的"彩牛镇",进发……

点石成金

本文作者循尼采的精神之"三重变形",对所读作品进行了客观而中肯的评价,对尼采的思想及价值观结合自身做了深入的思考。结构紧凑合理,内容翔实有据,语言简洁明了,让人读了之后能够深刻体会原文的思想内涵。

星 火

——读《呐喊》有感

◆学校:北京师范大学附属嘉兴南湖高级中学　◆作者:肖凯威　◆指导老师:许利娟

最清晰的脚印,落在最泥泞的路上。没有裂缝的生命,照不进曙光。

——题记

　　十七岁的少年正走在人生的岔路口,如同独步于黑暗的旷野,找不到方向。彷徨间,《呐喊》以它激昂澎湃的文字鼓舞了我,予我点点星火。

　　在竞争激烈的社会中,很多青年人选择"躺平",躲进舒适圈,焦虑越来越多,行动越来越少。时下还看到这样的新闻:某明星演唱会现场狂热粉丝造成踩踏事故,严重破坏秩序导致多人受伤。那些年纪相仿的面庞,似乎看不到青年人的风华正茂,只有非理性的狂热。"当代青年的未来该何去何从?"我询问着自己。画面里的嘈杂声越来越小,最后竟变成死寂般的沉默。我忽然理解了那句"然而几个人既然起来,你不能说决没有毁坏这铁屋的希望",在这种时候,需要高声呐喊,需要星火燃烧,打破这恼人的死寂,焚尽这歧途的黑影,重新锻造出有声、有光的世界来!

　　现在的我们似乎被"佛系""摆烂"之流模糊了理想,遮蔽了道路。这是一个需要呐喊的时代,需要万众一齐发声的时代。前路坎坷,但成长即是从认识世界到改变世界的过程,面对时代的召唤我们不能置身事外。今天的我们同样面临着巨大的挑战,国际局势紧张、俄乌冲突加剧、中美冲突升级,风高浪急,惊涛骇浪此起彼伏。作为青年,我们能做的就是在前行中高举火炬,点燃每个人的星火,为驱散黑暗贡献一份力量。

那么,青年人的出路在何处?古今无数哲学家都在思考三大终极问题,每个青年都在寻找人生的意义。革命时代青年保家卫国走红色道路,生于和平的新时代,当代的青年是幸运的,也是不幸的。富足的物质和精神生活使我们免于艰苦斗争,也模糊了实现人生价值的道路。鲁迅先生是最为关心青年的,很多迷惘的青年写信给他,他们都在回信中恳切关怀的文字里得到了慰藉和指引。路不是一朝一夕能找到的,而是每个人在坚强求索中走出来的。未来不是我们要去的地方,而是我们要创造的地方。

印象最深刻的是《一件小事》《白光》和《孔乙己》。这些文章或亲身经历,或半虚半实,相同的是它们向读者吹出冷气,促使我们坚定前行。车夫愈加高大的身影、陈士成眼中绝望的白光、孔乙己宁死都不肯脱下的长衫,一个个血淋淋的现实被摆上台面,令人惊悚、引人深思。《呐喊》并没有告诉青年应该选择怎样的人生,但它用直击灵魂的文字告诉青年不该过怎样的生活。鲁迅先生说:"愿中国青年都摆脱冷气,只是向上走。"这些文章像黑夜里的点点星火,虽不及绚丽的霓虹灯,但正所谓"谁言螳臂难拒辙,且看萤虫吞明月",星火也能作为灯塔照亮前路,也能以燎原之势破除迷雾、直达前方!

投身天地之熔炉,总有些意志薪火相传。夜里烟花满天,我看着火光飞上天幕,合上了手中的书。我对着苍茫的夜色高声呐喊,它的沉默震耳欲聋。

点石成金

这篇文章将阅读《呐喊》的内容与现实生活相结合,对"躺平""佛系""摆烂"等社会现象给予否定,很好地回答了"青年人的出路在何处"这一问题。本文语言流畅,思路清晰,表达准确,立意深刻。